생일 없는 아이들

모든 아동의 출생신고
아동인권의 시작입니다

뿌리를 찾는 존재

생일 없는 아이들

김희진·강정은·마한얼·이제호·이진혜 지음

보편적 출생신고 네트워크 기획

틈새의시간

Whether or not a child is registered at birth has implications for realizing all rights throughout his or her life.

아동의 출생등록 여부는 한 사람의 삶 전반에 있어 모든 권리를 실현하는 데 영향을 미친다.[*]

---

* A/HRC/39/30, para.81

이야기를 시작하며

 최근 〈서른, 아홉〉이라는 드라마를 보았다. 매우 좋아하는 배우들이 나오는 데다가 세 친구의 '찐우정' 이야기를 다룬다니 이건 꼭 봐야지, 나름대로 기대를 품고 기다렸다. 그런데 본 방송을 놓친 후 보도된 기사들을 훑어보며 잠깐 흥미를 잃었다. 입양과 파양, 불치병, 내로남불(내가 하면 로맨스, 남이 하면 불륜) 등 우리나라 드라마 서사에 흔히 등장하는 설정이 아쉬웠고, 무엇보다 이야기 전반에 고아,* 입양, 보육원 등이 다뤄지는 시각도 불편했다. 그래,

---

*   국립국어원 표준국어대사전은 '고아'를 "부모를 여의거나 부모에게 버림받아 몸 붙일 곳이 없는 아이"라고 설명한다. 그러나 모든 아동은 부모의 상황과 관계없이 존재 자체로 존중받아 마땅하며, 아동보호의 의무이행자인 국가는 가정환경이

바쁜데 무슨 드라마야, 하면서 시청을 포기했다. 그러던 중 밤새 비가 오던 어느 새벽, 가득 쌓인 일에 짓눌려 끙끙 앓다가 현실도피를 하고 싶어졌던 날, 드라마를 보게 되었다. 첫 화부터 본 건 아니고, 가장 최근에 방송된 회차를 먼저 본 다음 불편한 마음을 안고서 결국 다 보았다.

〈서른, 아홉〉이라는 드라마를 보게 된 사연을 설명하려고 이야기를 시작한 것은 아니다. 출생등록 될 권리를 말하려 하는 이 책의 첫 시작에서, 드라마의 주인공 중 한 명인 미조가 엄마를 찾고자 했던 그 마음을 말해보고 싶었기 때문이다.

미조, 찬영, 주희, 이 세 명의 친구는 미조가 친모를 찾아 나선 그 여정에서 처음으로 서로의 존재를 알게 된다. 미조는 보육원에 있다가 지금의 가정으로 입양되었다. 친모와 관련된 장소가 쓰인 서류를 우연히 보게 된 열여덟 살의 어느 날, 엄마를 찾으러 가던 지하철에서 지갑을 잃

상실된 아동의 대안적 가정환경에서 자라날 권리를 보장해야 한다. '고아'라는 명명은 부모가 없는 존재로 낙인찍거나 또 다른 차별의 기제로 작용하는 문제가 있다. 오늘날 더는 '고아원'이라는 용어를 쓰지 않으며, 법률상 '보호대상아동'이라 표현하는 것도 이와 같은 이유이다. 다만, 본문에서는 드라마에서 쓰인 용어를 그대로 반영하였으며, 불편함을 느낄 수밖에 없었던 맥락을 드러내고자 하였다.

어버린다. 당황한 미조에게 지나가던 찬영이 돈을 빌려주었고, 함께 서류에 적혀 있던 '그 장소'로 갔는데, 그곳에 주희와 주희의 엄마가 있었다는 설정이다. 시청자 그 누구도 이 흐름에 의문을 표하지는 않았을 터다. 미조는 지금의 삶이 불행해서 엄마를 찾았던 게 아니다. 그저 궁금했고, 알고 싶은 마음이 전부였다. 내 엄마가 누구인지 알고 싶은 아이의 마음. 그 마음은 너무도 자연스럽고 당연한 것이어서 어느 누구도 드라마의 설정에 개연성이 떨어진다거나 어색하다고 비판하지 않았다. 그렇다면 이렇게도 말할 수 있지 않을까. 출생의 기록이란, 인간이면 당연히 갖는 욕구와 권리에 대한 세상의 예의갖춤이라고 말이다. 태어난 부모와 함께 자라지 못했음을 인지하는 어떤 순간, 그래도 내 인생이 시작된 뿌리를 알고 싶을 수밖에 없는 마음에 답하기 위한 준비. 아이를 지키는 책임이 이 세상 모든 사람에게 있다면, 그 준비를 허투루 여기지 않는 것은 너무도 중요하다.

이 책은 보편적출생신고네트워크가 기획하고, 네트워크에 참여하는 연대단체 구성원들이 역할을 나누어 집필

하였다. 그간 보편적출생신고네트워크는 보편적 출생등록 제도 도입을 위한 연구, 법률지원, 입법운동, 인식개선 활동 등을 펼쳐 왔다. 출생통보제 뿐만 아니라 국적과 관계없이 국내외 모든 아동이 현재의 가족관계등록 제도 안에서 등록될 수 있도록 하는 가족관계등록법 전부개정안을 마련하고, 가족관계등록법으로 아우르기 어렵다면 외국인아동의 출생등록 제정안을 제안하기도 하였다. 특별히 정부 단위에서 출생통보제 도입이 본격적으로 논의되기 시작한 2021년에는 전국 아동양육시설의 출생미등록 아동 실태조사에 이어 출생등록 법률지원, 실태를 보고하는 기획기사, 출생통보제 도입 촉구, 보호출산제(익명출산제) 대응 활동 등에 집중하였고, 지난 활동을 기반으로 책장을 채웠다. 2장은 이진혜(이주민센터 친구), 3장은 마한얼(사단법인 두루), 4장은 이제호(전 이주민센터 친구), 6장은 강정은(사단법인 두루)이 담당하였고, 1장과 5장, 그리고 나머지 장을 김희진(전 국제아동인권센터)이 함께 작성하였다.

이 책에 기록된 이들은 출생의 기록이 제대로 갖춰지지 않았던 아이들이다. 부모가 누구인지 전혀 알 수 없었던 아이들도 있고, 이름이나 옛 전화번호는 남겨져 있지만 더는 그들과 연락이 닿지 않는 아이도 있다. 부모가 구금시설에 갇혔거나 한국 국적이 없어서, 혹은 여러 가지 이유로 출생신고를 못 했거나 하지 않은 아이도 있다. 이들 대부분은 시설(아동양육시설, 그룹홈 등)에 있었거나 여전히 시설에서 생활하고 있고, 조만간 시설에 보내질 것이다.

그나마 이 책에 기록된 이들은 출생신고는 되지 않았을지언정, 존재는 확인된 아이들이다. 이런 형편이니 "지금 이 사회에 살아가고 있음"이 확인조차 안 된 아이들도 존재할 것임은 능히 짐작할 수 있다. 2021년 12월에야 발견된 제주 세 자매처럼 출생신고를 못 한 채 부모와 함께 살거나, 혹은 베이비박스나 미신고시설에 있을지도 모른다.

왜 이런 일이 발생하는 것일까? 어째서 생일조차 모르는 아이들이 있을까? 왜 적지 않은 아이들이 부모와 함께 살지 못할까? 다양한 이유가 있지만, 가장 큰 문제는 아동의 출생등록에 대한 공공의 역할을 너무도 미약하게 규정해놓은 우리나라의 법과 제도에 있다.

우리나라에서 아동이 출생등록 되려면 부모가 출생신고를 해야 한다. 낳은 부모가 출생신고를 하지 않으면, 출생등록에 이르는 과정은 너무도 길고 험난하다. 현행법과 제도의 테두리 안에서는 아예 출생신고를 못 하기도 한다. 국가 태동의 1차 목적은 그곳에서 살아가는 사람의 인권을 보장하는 데 있는데, 존재의 확인이라는 생의 첫 출발에 국가가 하는 역할이 거의 없다는 점은 지독한 아이러니다.

책 발간을 앞둔 2022년 5월, 가정의 달이다. 어린이날, 어버이날, 한부모가족의날, 가정의 날, 입양의 날, 부부의 날 등이 있고, 5월 15일은 UN이 지정한 세계 가정의 날(International Day of Families)이기도 하다. 아동이 최초로 맞이하는 사회로서, 가정의 안녕은 아동권리 이행에 특별히 중요하다.

그러나 국제사회와 정부가 지정한 가정에 대한 기념일 속에 아동의 지위는 어떻게 존재하고 있을까? 어린이날은 모든 재래의 윤리적 억압으로부터 어린이의 독립을 선포한 날이지만, 초보자를 일컬어 "-린이"라는 용어가 일상과 미디어 곳곳에서 쓰이는 등 동료시민으로 아동을 바라보는 인식은 현저히 부족하다. 가정이 화목하면 모든 일이 뜻한 대로 이루어진다는 '가화만사성(家和萬事成)'은 아동에게 침묵과 복종을 강요하는 구시대적 인식을 답습

한 채 강제된 화목을 미덕으로 여기고 있지 않은가? 아동의 보호받을 권리는 의식주를 챙기거나 물리적 폭력을 가하지 않는 협소한 범위에서만 이해되고 있다. 이러한 현실은 출생의 순간부터 누구나 법 앞에 동등한 존재로 인식되기 위한 국가적 책무가 제대로 작동하지 않은 결과라 감히 말하고 싶다. 출생의 신고를 오롯이 개인에게 떠맡겨, 태어난 때부터 시민의 권리보장을 위한 공적 의무가 이행되지 않는 결과는 아동의 권리 실현이라는 변화를 한없이 더디게 만들고 있다.

언젠가 한 행사에서 "다름을 차별이 아니라 존중으로 받아들이고 함께 어우러져 조화와 균형을 이루는 것이 인권"이라고 밝힌 전직 대통령의 말을 떠올려본다. 출생등록이 모든 아동의 당연한 권리로 인정되지 않는 현재, 한국의 인권은 그 출발선부터 차별적이다.

이 책은 출생등록을 위한 고단하고 긴긴 시간의 기록이다. 출생등록에 잇따르는 아픔과 슬픔의 기록이기도 하다. 이 책을 통해 출생등록 될 권리를 더 많은 사람이 이해하고, 아래에서 시작되는 변화를 만들고 싶었다. 남의 일,

뉴스에 나오는 예외적인 기삿거리가 아니라, 언제든 어디에서든 아동의 삶에 크나큰 충격으로 나타날 위기의 현실을 알리고자 하였다. 의료기관이 아동의 출생정보를 국가기관에 통보하면, 국가가 출생신고가 누락된 아동의 출생신고를 이행할 수 있도록 하는 출생통보제 도입을 앞두고, "출생신고는 부모가 할 일" "의사에게 정부가 해야 할 의무를 전가하는 헌법에 위배되는 악법" "의료독재 통제법" 등의 의견이 연이어 달리고 있다. 그러나 아이의 태어남과 자라남을 축복하는 것은 이 사회를 살아가는 구성원 모두의 의무이자 권한이다. 단 한 명의 아이도 세상의 뒤편에 남겨지지 않도록 애쓰는 과정은 '낳은 사람'만의 역할이 아니다. 낳은 사람이 낳은 자로서 책임을 다하도록 뒷받침하는 공동체 의식과 제도도 필수적이다.

"아이들을 키우는 데에는 마을이 필요하다는 이야기가 있죠. 아이들을 학대하는 데에도 마찬가지로 마을이 필요해요." 영화 〈스포트라이트〉에 나온 대사다. 아동학대는 개인의 문제가 아니다. 구조적인 문제이다. 기존의 편협한 고정관념에 익숙해진 어른들이 양산한 무관심의 결과다. 아동의 보호란 내 아이만 잘 키우는 것이 아니라, 이 세상 모든 아동이 마땅히 존중받으며 자라는 사회를 만드는 것에서 시작될 수 있음을 마음으로 공감하길 바란다. 보편적 출생등록은 그 출발이 될 수 있다. 부디 이 책이 보편적 출생등록이라는 제도가 개선되는 데에, 그리고 아동권리 실현에 연대하는 사회 전반의 변화를 이끄는 데 좋은 씨앗이 되면 좋겠다.

지은이를 대표하여,
김희진 씀

차 례

이야기를 시작하며 7

1장. 정체성의 보존과 뿌리를 알 권리 19

왜 출생등록을 말하는가?
해외입양 아동이었던 A의 이야기
국내입양 아동이었던 B의 이야기
출생등록은 정체성의 첫 배경색

2장. 출생신고의 의미 45

존재하지만 존재하지 않는 사람
출생등록은 인권의 출발점이다
학대, 유기 등 범죄 피해의 방지
우리에겐 건강하게 살 권리가 있다
교육의 기회는 만인의 것
나는 몇 살입니까
진짜 '나'를 찾기 위한 여정

3장. 출생신고와 가족을 구성할 권리 83

엄마한테 남편이 없다고 네게 아빠가 없어야 하는 건 아니지
법으로 정해지는 부모와 자식 관계
출생신고는 시민의 개별적인 기록이다
한 아이를 키우려면 온 마을이 필요하다

4장. 진실된 출생기록과 부모를 알 권리 115

왜 굳이 부모를 알아야 하지?
나는 사랑받으면서 버려진 아이일 거예요
부모를 알 권리와 연결되는 아동의 권리들
아동의 부모를 알 권리는 부모의 사생활 보호와
   충돌하지 않는다
부모가 안 하는데, 굳이 출생신고를 해야 하나요?
출생등록에 대한 권리의 주체는 아동

5장. 베이비박스, 거짓된 출생기록 147

한국에서 출생신고는 대수로운 일이 아니다
어른의, 어른에 의한, 어른을 위한 공간, 베이비박스
출생등록은 상호신뢰에 기반한 사회가 연대하는 의식이다

6장. 출생등록은 시민을 위한 국가의 첫 번째 책무 181

아동에 대한 국가의 책임
아동보호는 국가에, 출생신고는 개인에게?
국가의 출생등록, 그 험난한 길
국가공동체 구성원으로 인정되는 출발점 '출생등록'

이야기를 마치며 209

1장 정체성의 보존과 뿌리를 알 권리

왜 출생등록을 말하는가?

아동의 등록될 권리(right to register)에 대해 아동권리협약을 비롯한 국제인권규범은 "태어난 즉시 출생이 등록될 권리(the/every child shall be registered immediately after birth)"를 거듭 말했다. 유엔인권이사회(UN Human Rights Council)는 '출생이 등록될 권리'는 세계인권선언, 시민적·정치적 권리에 관한 국제규약 등에 명시된 '어디에서나 법 앞에 인간으로서 인정받을 권리(the Rights to recognition everywhere as a person before the law)'에 근거한다고 밝혔다.[*] 사람은 존재하는 그 자체로 온전한 권리를 누려야 마땅하

---

[*] A/HRC/RES/19/9

다는 각성은 이미 근대 시민사회로부터 시작된 것이다. 그런데 이 같은 깨달음 이후에도 여전히 '등록'을 권리보장의 필수요건으로 제시하는 이유는 무엇일까.

그 물음에 대한 답을 찾기 위해 두 명의 입양인을 만났다. A는 해외입양인이고, B는 국내입양인이다. 국내외 입양 모두 법원의 허가를 받아야 하고, 출생신고가 된 아동만 입양할 수 있도록 개정된 법률이 시행된 이후 아직 10년이 채 되지 않았다. 여전히 부족하지만 더 무책임했던 과거의 법제에서 출생의 기록을 찾고자 했던 이들은 아동의 관점에서, 한 사람의 생애에 걸친 인권의 관점에서 출생등록에 대한 권리를 설명한다.

해외입양 아동이었던 A의 이야기

사라지는 것을 피할 수 있는 권리

한국 사람한테 많이 받는 질문은 언제 입양 사실을 알게 됐냐는 건데, 사실 인종이 다르니까 알 수밖에 없어요. 다만, 입양이라는 개념을 아는 것은 나이마다, 발달단계마다 또 많이 다른 것 같아요. 그건 아이일 때도 그렇고, 어른이 되어서도 그렇고요.

사실은 어렸을 때부터 덴마크 사람한테 "한국 가봤어요? 한국 부모님한테서 자랐어요?", 이런 질문을 많이 받았어요. 그때는 진짜 그냥 일반 덴마크 사람으로 살았는데, 계속해서 이렇게 입양에 대해서, 한국에 대해서 질문받았어요. 물론 좋은 의미로, 친하게 지내고 싶어서 그렇게 질문했을 수도 있겠지만, 그냥 날씨 얘기를 하거나, 음식 얘기를 할 수도 있는 거잖아요. 이상하게 입양인 아닌 사람들이 입양인을 만날 때는 엄청 개인적인 질문을 하는 거예요. 그런데 이건 서양 문화와 완전 안 맞거든요. 진짜 서양에서는 이런 사적인 질문을 그렇게 할 수가 없어요.

아이 입장에서 입양은 트라우마예요. 제 경우에는 그때 옛날에 북한, 러시아 때문에 한국에서 출발하고 덴마크에 도착할 때까지 서른여섯 시간이 걸렸어요. 사실 그렇게 긴 이동, 어린아이들한테 하면 안 되는 일이잖아요. 그러니까 입양은 처음부터 아이를 위한 제도라고 볼 수 없어요. 모르는 사람한테 맡겨서 서른여섯 시간, 그다음에 또 모르는 사람한테 맡기죠. 이렇게 입양을 트라우마로 생각하면, 그냥 모르는 사람한테 편하게 물어볼 수 없어요. 이건 물어보지 말라고 하는 것이 아니라, 트라우마로 생각하면 물어보는 자세가 달라질 수밖에 없다는 거죠. 좀 더 조심스럽게. 이 뿌리찾기 개념은 너무너무 어려워서 상상할 수 없는 아픔도 생기니까요.

입양기관이나 아동보호시설에서 새로운 identity(신분)를 만들면서, 한순간에 identity가 없는 사람으로 만들었어요. 누군가가 마음대로 한 사람의 신분을 다 지우는 거예요. 어떤 권한도 없는 사람이 누군가에게 새로운 identity를 붙이는 거죠. 영국의 법학교수인 Alice Diver가 "the right to avoid origin deprivation(사라지는 것을 피할 수 있는 권리)"라고 말하면서, 모든 identity는 중요하다고 했어요. 입양된 아이들도 다른 사람처럼 태어날 때의 이름, 부모님, 역사 다 있는 거잖아요. 그런데 이런 identity를 보호해주는 법 조항도, 기구도 거의 없대요.

원래 가졌던 정체성을 유지할 권리

저는 "right to identity(정체성에 대한 권리)"와 "right to origin(근원/뿌리에 대한 권리)"은 다른 것 같다고 생각해요. 저도 identity(신분, 정체성)가 없는 건 아니지만, 옛날의 identity는 지워졌어요. origin은 진짜 처음부터 있었던 것. 그러니까 identity가 있어야 하는 게 아니라, 원래 가졌던 identity를 유지할 권리가 right to origin 아닐까요. 입양된 아이도 원래의 identity를 유지할 수 있는 거잖아요. 다른 사람 밑에서 살고 있어도 이름, 원래 기억하고 있는 것, 그 위에 자기 identity를 쌓을 수 있을 거예요.

영화 〈In the Matter of Cha Jung Hee(차정희에 관하여)〉

를 보면, 입양서류는 '차정희'인데, 사실은 차정희는 다른 여자였던 것이 나와요. 해외입양을 시키려면 비자가 나와야 하는데, 입양 보내려던 차정희에 대한 서류가 다 준비되어 있던 상태에서 그 애 아빠가 고아원에 찾아가서 입양을 보내지 말라고 했고, 아이를 집으로 데리고 간 거죠. 하지만 입양기관은 벌써 양부모님이랑 약속이 되어 있었고, 그래서 비슷한 나이의 다른 사람을 대신 보냈어요. 그럼 그 사람의 identity는 뭐예요? 원래 이름이 있는데, 그 친구의 한국 서류를 보면 다른 사람의 identity예요. 진짜 original identity를 보호하지 않으면 진짜 너무 말도 안 되는 일이 계속 이어질 수 있는 것 같아요. 그래서 그 영화를 보면 더 슬픈 것이, 그 친구가 입양 가기 전에 양부모님이 옷이나 신발 같은 걸 준비하고 싶어서 고아원에 보냈거든요. 받는 아이한테 그게 안 맞았어요. 사실은 그걸 봤을 때 부모님이 뭔가 좀 깨달아야 하는 건데…. 어쨌든 부모 처지에서는 아이를 그냥 한 명 받고 싶은 거죠. 하지만 그게 그 아이를 위해서 최선이었을까요.

그거 아세요? 입양인들이 서류상으로는 다 고아, 부모 없는 것으로 되어 있어요. 그런데 왜 '가족찾기' 이야기가 나오는 걸까요? 뭐가 안 맞죠? 그리고 '가족찾기'가 그렇게 좋아 보이면, 해외입양인이 한국인 부모 가족과 같이 살아야 한다고 생각한다면, 그럼 해외로 왜 보냈어요? 너무 안 맞아요. 진짜 국가가 해외입양인들에게 미안하다고 생각한다면, 한국 국적이 없어도 그냥 한국인으로 인정해야 한다고 생각해요. 지금처럼은 입양 identity는 쓸 수 없는 identity인 거예요.

짧은 역사에도 모든 부분이 의미 있다

입양기관들은 우리의 친부모님들이 만나는 것을 원하지 않으니까 입양서류를 보여줄 수 없다고 하는데, 그건 좀 이상해요. 사실 그냥 서류 보여주면 끝이에요. 해외입양인들이 한국에 대해서 그렇게 관심이 많은 것도 아니고, 물어보고 싶지 않아 하는 입양인도 많아요. 하지만 권리잖아요. 그냥 보여주면 돼요. 계속 안 된다고 하고, 거짓말하고 하니까, 더 강하게 push(요구)하게 된 것 같아요. 기록을 보여주지 않으니 더 의심이 생기는 거죠.

입양인들은 그냥 원래 서류를 가지고 싶어 해요. 왜냐하면 그것이 바로 '나'거든요. 그런 짧은 역사 안에도 모든 부분이 의미를 가지잖아요. 그러니까 고아원, 보육원 있을 때 사용하던 이불이나 입던 옷이 있었으면, 그게 진짜 큰 의미인 거예요. 그냥 엄마, 아빠 이름 모르니까 실패, 그게 아니라 한국과 연결할 수 있는 게 있으면 뭐든. 물론 한국 가족도 있고 서로 잘 지낼 수 있으면 좋겠지만, 대부분은 그렇게 안 되니까요. 어떤 친구는 고아원에 있을 때 큰 가방이 있었대요. 그래서 입양 갈 때 그 가방을 가지고 갔고, 양부모님이 그걸 잘 보관했어요. 그런 보물, origin(근원, 뿌리, 출신)에 대한 모든 것, 하나라도 빼면 본인 identity 느낌은 떨어질 수 있는 거잖아요. 모든 게 너무 소중하고 다 연관이 되고 싶으니까 하나하나 작은 것도 소중하게 생각하고 가치를 부여하게 되는 거죠.

생각해보세요. 일반 사회에서 누군가의 이름은 그렇게 바뀔 수 없어요. 누구든 그럴 권리는 없어요. 이름은, 역사는 바꿀 수 없어요. 이름을 지우는 건 진짜 쉽고, 간단하고, 가벼운 일이 아니라는 점을 기억하면 좋겠어요.

국내입양 아동이었던 B의 이야기

내 존재의 어떤 부분이 왜곡된 것 아닐까

나를 키워주신 부모님이 나를 낳아주신 부모님이 아니라는 것을 알게 되었을 때. 그때가 중학교 때였는데, 그 신뢰에 대한 문제에서 정체성에 대한 혼란이 시작된 것 같아요. 왜 저를 키워주신 부모님들이 저한테 있는 그대로, 사실 그대로 말하지 않았을까? 그러면 나는 뭔가, 그러니까 내 존재의 어떤 부분이 왜곡된 것은 아닐까? 이런 부분에 대해서 그때 고민이 많았었던 것이고요. 중학교 때였으니까 아마 사춘기하고 겹쳐서 더 그랬을 수도 있지만, 저한테 되게 충격이었고 생각을 많이 하게 됐어요. 나란 존재에 대해서, 존재 이유에 대해서 고민을 많이 했었죠. 그러니까 "나는 왜 존재한 것일까, 도대체 나는 뭘까?" 그게 저한테는 최초의 정체성에 대한 고민, 또는 혼란, 고민보다는 혼란이라는 표현이 더 맞는 것 같아요.

여기가 나의 뿌리가 아니라는 생각을 무의식적으로 했던 거죠. 물론 부모님들이 잘 키우고 사랑해주셨는데, 그거랑 별개의 문제였던 것 같아요. 나 자신이 원래 있어야 할 자리가 있음에도 불구하고 그러지 못한 것은 아닐까, 그러다 보니까 끊임없이 스스로 독립을 해야겠다는, 자립해야 한다는, 그런 생각들이 계속 제 머릿속을 지배했던 것 같아요. 이건 나이 들고서도 계속 진행되는 생각이고요. 돌이켜보면 그런 생각들이 저 자신한테는 도움이 되는 경우가 많았지만, 또 한편으로는 되게 외롭다는 느낌이 많이 들었어요. 혼자 일어서야 한다는 것이. 물론 부모님들은 의지할 수 있도록 도와주시기는 하셨지만, 내 마음이 그만큼 가지 않았던 것 같아요. 잘해주심에도 불구하고, 나는 홀로 서야 한다는 생각들이 컸죠. 나는 개별적인 존재이니 나의 삶을 사는 것이 맞지 않을까, 이런 생각들. 나의 존재가 저분들한테 짐이 될 수도 있겠다. 그러니까 선택은 물론 부모님들이 하셨지만, 그 선택은 부모님들의 선택이고, 나는 그 선택을 하지 않았으니, 뭐 그런 생각.

친부모를 찾아야겠다고 생각했던 건 아이가 생기고 나서예요. 내가 아이를 낳고 나니까 그 아이를 통해서 나 자신이 보였어요. 어렸을 때 부모에게서 떨어지게 된 아이가 어떤 느낌이었을지 막연하게 상상이 됐던 것 같아요. 저 나이대 저 아이가 홀로 떨어졌을 때 어떤 느낌이었을까? 그러면 되게 힘들었을 텐데. 그리고 반대로, 또 그런 아이를 보내야 하는 부모들 마음은 어땠을까? 그 두 가지가 막 겹치니까 어떻게 표현하기 힘들었는데, 일단 그 아이가 결국은 나였던 거죠. 어렸을 때, 한 살 때 부모로부터 버림받은 아이의 모습이. 물론 피치 못할 사정이 있어서 그렇게 됐겠지만, 어찌 됐든 결과적으로는 버림을 받은 것이니까 그 아이의 모습을 통해서 저 자신이 보였던 것 같고, 그런 모습을 찾고 싶다는 생각이 강렬해졌어요. 그러니까 찾아서 질책을 하겠다, 이런 게 아니에요. 그래도 찾아야 하는 거 아닐까, 찾고 싶다 이런 생각을 많이 했던 것 같아요.

그동안 제가 겪었던 한 삼십 년간의 그 여정이 이렇게 파노라마같이 보였어요. 내가 왜 이렇게 힘들었는지 조금은 이해가 됐어요. 뭔가에 대해서 갈구하고, 뭔가를 계속해야 하고, 누군가한테 인정받기 위해서 노력하고, 이런 것들이 혹시 저 이유 때문이지 않을까. 내가 실수를 하고 잘못했을 때도, 누군가 너그럽게 받아줄, 그러니까 아이의 입장에서 부모가 너그럽게 받아주는 것과는 별개로, 내가 너그럽게 부모에게 기댈 수 있는 그런 것들에 결핍이 있었던 것은 아닐까. 그래서 나는 뭔가를 끊임없이 시도하고 인정받기 위해서 노력하고 했던 건 아닐까, 하는 생각이 들었어요. 그 과정이 그때그때 힘들었거든요. 지나고 나니 결과론적으로 괜찮은 거지, 사실 그 당시 상황은 되게 치열했던 것 같아요.

나의 존재가 왜 이렇게
소중하게 취급되지 않은 거지?

출생정보에 대한 정확한 기록은 사회에 대한 신뢰와 연결되는 것 같아요. 나의 존재가 왜 이렇게 쉽게 취급된 거지, 왜 이렇게 소중하게 취급되지 않은 거지. 이 사회의 공적인 영역에서 왜 이걸 이렇게밖에 못 한 것인지, 나의 정보가 제대로 다뤄지지 못한 것에 대한 분노가 국가 내지는 사회로 향하는 화살이 된 거죠. 도대체 이 나라는, 이 사회는 어떻게 사람의 존재를 이렇게 허투루 다룰 수 있을까, 이래도 되는 것일까, 그런 분노가 되게 컸던 것 같아요.

 물론 제가 열일곱 살 때부터 사회생활을 하다 보니까 그런 부조리한 것들, 강압적인 문화, 이런 것들을 좀 일찍부터 겪어서 그럴 수도 있겠지만, 이건 뭐가 잘못돼도 많이 잘못된 것 같다는 생각이 들었어요. 그 분노의 화살이 개인적인 몇몇한테 간다고 해서 이 문제가 해결될 것 같지는 않다고 생각하게 됐어요. 물론, 처음에는 가장 가까이 있는 저를 키워주신 부모님한테, 그러고서 누구인지는 모르지만 낳아주고 버린 부모님, 그분들께 화살이 갔죠, 그때는 내가 알고 있는 사회 테두리가 그게 다였으니까, 그 부분밖에 안 보이니까. 그렇게 화살이 갔다가 과연 이분들만의 문제인가, 내 잘못도 아닌데 왜 나한테 손가락질을 하지? 그러면서 동네에 같이 있던 어른들, 또는 주변에 계시는 분들한테 화살이 가는 식으로 조금씩 커졌던 것 같아요. 그러면서 이게 결국은 개인만의 문제가 아니구나, 공동체 내지는 사회, 국가 시스템의 문제이지 나만의, 혹은 나의 부모님들만의 문제는 아니었구나, 생각하면서 화살의 방향이 바뀐 거죠.

 문화라는 것이 결국은 내가 누군가와 살고, 누군가와

같이 지내면서 내 몸에 축적되는 거잖아요. 그런데 입양의 경우 지금 제가 쓰고 있는 성이 제 성이 아니었을 가능성이 크고요. 나의 성격도 과연 원래 이런 성격이었을지, 아니면 자라면서 나를 키워주신 부모님들의 영향을 받아서 만들어진 성격일지, 저는 후자가 더 크다고 생각해요. 저한테는 뿌리에 대한 물음에서 이 두 가지가 제일 컸어요. 태어날 때 가지고 있었던 환경과 달리 자랐을 때 달라지는 것들. 그런데 해외입양인들은 일단 국적부터 다르니까, 그러니까 그 차이가 더 크겠죠. 그 나라가 가지고 있는 문화와 우리나라의 문화가 다를 거니까. 저는 최소한 문화 부분은 그렇게 다르다는 생각을 못 했고, 그 gap(차이)이 해외입양인들하고 국내입양인들하고 되게 크다고 생각해요. 나의 정체성과 나의 뿌리라고 얘기할 때, 해외입양인들은 국가 단위의 뿌리가 통째로 뽑혀서 갔다고 얘기를 하더라고요. 그거에 대한 상실감이 큰 것 같아요. 제 개인적인 경험으로는, 저는 사실 그 부분에 대한 상실감은 조금 덜한 것 같고요.

우리는 존재하기 위해,

끊임없이 뿌리를 내리기 위해서 노력한다

저는 사실 이해가 안 가요. 익명출산제가 필요하다는 그분들은 그 아이가 나중에 자라고 나서 어떤 생각을 할지 제대로 고민한 거 맞을까? 저건 말도 안 된다고 생각해요. 거기에 정당성을 부여하시는 분들이 생명권을 얘기하세요. 물론 생명권이 중요하지 않다고 생각하지는 않아요. 근데 그 생명권을 보장하는 방식이 저 방식밖에 없다고? 그거는 저는 너무, 이기적이라고 생각해요. 전혀 아이의 입장을 생각하지 못했다고 봐요. 어른의 입장에서만 생각한 거죠. 어른이 아이를 보호해야 하는 존재니까 살려야 되는 거 아냐? 딱 거기에서 멈춰 있어요. 눈에 보이는 게 다라고 생각하는 거죠. 눈에 보이지 않는 그 아이의 삶에 대해서는 별로 고민한 흔적이 안 보여요. 저는 그게 아이들을 위한 법이라는 점에는 전혀 동의할 수 없고, 화가 났어요.

한꺼번에 다 해결이 될 수 있으면 좋겠지만, 그건 한계가 있으니, 일단 원가정 보호부터 최선을 다하고, 거기에 병행해서 어떻게 하면 그 아이의 정체성을 유지할 수 있을까, 최선이 뭘지 구체적으로 고민할 필요가 있다고 생각하는데요. 저는 개인적으로 홍보를 많이 했으면 좋겠어요. 설사 키우지 못하여 입양을 보내거나 혹은 시설에 맡기거나, 그런 선택을 하게 되더라도, 그 아이가 자신의 정보가 없을 때 겪게 되는 삶이 험난할 수 있다, 그런 것들을 아는 게 필요하다고 생각해요, 어른들이. 그래야 그런 선택을 할 때 조심스럽게 선택하지 않을까요? 물론 낳고 키우지 못한 분들의 고통도 이해를 못 하는 바는 아닌데, 그런데 그 아이는 선택할 수 있는 여지가 없잖아요. 대부분이 본인의 선택으로 아이를 낳았을 테고, 근데 아이는 강요된 선택을 받고 자기 삶이 달라지는 거잖아요.

제 언어는 아닌데, 입양인 중에 한 분이 그림을 그린 게 있었어요. 나무를 그렸는데, 나무 밑동에 뿌리가 있어야 되는데, 뿌리가 없어요, 나무가. 그렇게 표현해 줬더라고요. 저는 그게 입양인들이 가지고 있는 마음과 되게 비슷하다고 생각해요. 뿌리가 없는 나무가 존재할 수 있어? 그럼 쟤는 어떻게 자라지? 영양분을 어딘가에서 흡수해야 할 텐데 뿌리가 없다는 얘기는 영양분을 흡수할 수 있는 매개도 없는 거잖아요. 그러면 대개 그 영양분을 흡수하기 위해서 더 많이 노력해야 할 거라고 생각해요. 그거 저는 비슷하게 와 닿았어요. 나도 저런 느낌인 것 같다는 생각이 들었어요. 내가 어딘가에 정착하고 그 정착한 곳에서 영양분을 흡수하면서 안정적으로 영양분을 공급받고 꽃을 피우고 이것이 일반적이라면, 그 나무는 그러지 못해서 끊임없이 이동하면서 나한테 맞는 정착지를 찾아다니는 나무, 그런 나무가 과연 잘 살 수 있을까, 살 수는 있겠으나 그 과정이 대단히 험난할 것 같다. 뿌리 없는 나무, 뿌리가 상실된 나무, 또는 절단된 나무, 이런 느낌이었어요.

존재하기 위해서 끊임없이 가는 곳마다 뿌리를 내리기 위해서 노력하는 그런 삶. 제가 만났던 입양인들도 그 강도는 다르겠지만 대체로 그런 것 같아요. 그 자리에서 누군가와 인연을 맺으면 그 인연을 맺은 자리에서 인정받기 위해서, 또는 이렇게 좋은 관계를 맺기 위해서 노력을 많이 하는 것 같아요. 많이 희생하려고 하고, 양보하려고 하고, 성격에 따라서 아닐 수도 있지만, 대체적으로는 그렇게 보였어요.

뿌리를 찾기 위한 아이의 노력을
어른들이 나누어 가져야 한다

(양육이 어려운 사정으로 베이비박스에 아이를 맡겼다가, 약속대로 몇 년 뒤에 다시 아이를 찾아온 엄마의 이야기를 말씀드렸다. 아이는 베이비박스를 거쳐 현재 아동양육시설에서 보호받으며 기아로 출생신고 되었고 입양대상아동이 되었는데, 당시 엄마는 "아이의 행복을 위해서 입양을 보내는 게 맞는 건지, 내가 키우는 게 잘한 선택일지" 힘겹게 고민하고 있었다.)

아이 입장에서는 첫 번째 뿌리가 엄마였을 거고, 그다음이 베이비박스, 아마 다음이 시설이었을 거고, 벌써 아이를 보호하는 주체가 세 사람이나 바뀐 거잖아요. 아이한테는 첫 번째 주체가 제일 중요했겠죠. 그리고 아이는 인지했을 거예요. 아무리 어려도 인지했을 거고, 그 기억이 몸에 남아있었을 거예요. 머리로는 이해 못 하겠지만, 몸에 남아있을 거고, 냄새가 됐든, 소리가 됐든, 어떤 식으로든 이해했을 거예요, 달라지는 환경을.

이렇게 말씀드리면 어떨까 싶어요. 그 아이랑 떨어져 있던 기간이 몇 년인지는 모르겠으나, 그것보다 두 배 정도는 힘들 수도 있다. 근데 그 아이가 살아갈 시기는 그거보다 훨씬 더 길 테니, 그렇다면 그게 잘못된 선택은 아닐 거라고 생각해요. 아이가 집으로 돌아가지 않고 훨씬 잘 사는, 더 좋은 부모님한테 입양 가서 살 수도 있었겠지만, 그것은 외적으로 보이는 거고, 그 아이에게는 보이지 않는, 평생 힘들어할 트라우마 같은 것을 죽을 때까지 가지고 갈 걸요? 그 고통을 생각하면, 아직 어린 지금 바로잡을 수 있다고, 시간은 걸리겠지만 용기를 내셨으면 좋겠어요. 아이가 원래 뿌리를 찾기 위해 해야 할 노력을 어른이 조금만 더 노력해주면 그 힘난할 수도 있는 과정이 상당 부분 줄어들 것이다, 남아있겠지만 줄어는 들 것이라고, 그렇게 말씀드리고 싶어요.

분명히 나의 공간이 있는데, 그 공간이 어디 있는지 알고 있으니 반드시 내 공간을 찾고자 하는 쓸데없는 노력을 안 해도 되지 않을까. 어느 정도 여기가 내 공간이 맞다고 인지하면 그다음부터는 굳이 그런 불필요한 노력, 불필요한 에너지 소모를 안 해도 될 거라고, 제 경험에 비춰봤을 때는 그래요.

출생등록은 정체성의 첫 배경색

 표준국어대사전이 설명하는 '정체성'의 사전적 정의는 "변하지 아니하는 존재의 본질을 깨닫는 성질. 또는 그 성질을 가진 독립적 존재"이다. 영어로는 identity로 쓰이며, "1)신원, 신분, 정체, 2)독자성, 3)유사성"으로 해석된다. 이러한 정체성에 대한 권리, 정체성을 보존할 권리는 아동의 출생이 등록될 권리와 같은 맥락에서 강조된다. 어쩌면 출생이 공적 장부에 기록된다는 것은 '공동체에 대한 소속감을 확인'하고, '독자적 인격체를 인지'함으로써, '나를 알고, 그래서 누군가에게 나를 보여줄 수 있고, 관계를 맺는 데 필수적인 요건'이라는 뜻으로 해석할 수 있지 않을까.

해외입양인 리사 울림 셰블룸은 "사라지고 숨겨진 시작을 들추어낸다는 것은 엄청난 좌절감을 느끼는 과정이다. 타인의 선의에 전적으로 의존해야 하기 때문이다"라고 썼는데,* 이는 곧 '해외입양'이라는 중대한 국가 간 결정이 가능했던 배경들을 당사자가 온전히 알 수 없는 현실을 드러낸다. 앞서 만나본 A는 입양인들에게 자신에 관한 정보를 담은 모든 서류가 투명하게 공개되지 않는 현행 제도를 이해할 수 없다고 했다. 더욱이 대다수 입양아동의 수용국들은 부모가 없는 아이들, 정말로 가족해체를 경험한 아이들의 대안적 가정보호를 목적으로 입양을 결정한다. 그렇다면 한국에서 해외로 입양된 아이들에게 제공하는 '가족찾기' 프로그램은 존재할 수 없는 것 아닐까? 가족에 대한 정보를 감출 이유는 무엇인가? 출생의 기록이 제대로 남겨지고 관리되지 않았던 현실에서, 태어난 아이와 그 가족을 지키기 위한 공적 의지는 찾아볼 수 없다. 아동기에 해외로 입양되었던 이들은 이벤트성 가족찾기 프로그램의 대상자일 뿐, 한국 국적을 취득하지 않는 한 외국

---

* 리사 울림 셰블룸 지음, 이유진 옮김, 『나는 누구입니까』, 산하, 2018.

인일 뿐이었다. A의 정체성을 빼앗은 것은 다름 아닌 국가였다.

무엇보다, 아주 사소한 것이라도 나의 출생과 관련된 것이라면 그 모두가 다 소중하게 여겨진다는, 다 연관되고 싶고, 가치를 부여하게 된다는, A의 애틋한 마음은 우리가 빼앗은 아동의 권리가 한 사람의 삶을 얼마나 비정하게 만들었는지 보여준다. 불완전하고 부실한 출생등록 체계는 정체성을 지우는 국가폭력과 다름없다.

한편, 부모님이 진짜 부모님이 아니라는 충격을 맞닥뜨렸던 B는 출생의 진실이 숨겨진 자신의 존재가 부정한 것으로 여겨졌다고 말했다. 내가 발 딛고 있던 땅이 무너져 내리는 위태로운 순간에도 누구에게도 선뜻 손 내밀 수 없었던, 불안하고 외로운 십 대 청소년의 목소리가 들리는 것만 같았다. 아이가 태어난 이후에 비로소 자신의 쓸쓸함을 정면으로 응시하게 된 B의 이야기를 들으며, 어쩌면 태어난 그 출발을 알고자 하는 마음이야말로 슬픔의 다른 이름이라 할 수 있겠다는 생각도 들었다. 자라지 못한 내면의 나를 위로하고픈 슬픔. 출생의 진실을 제대로 알 수 없었던 슬픔은 결국 사회에 대한 분노로 돌아갔다. 출생을 제대로 기록하지 않은 국가의 공공연한 부작위와 직무태만에 대한 B의 고발에서 그 누구도 자유로울 수 없을 것이다.

　해외로 입양되었던 A와 비교할 때 국내에 입양된 B는 문화적 차이에서 올 수 있는 어려움이 상대적으로 적었다고 회상하였다. 영유아기 아동도 냄새와 촉감으로 자신을 둘러싼 환경을 이해할 뿐 아니라 다양한 표정과 몸짓을 통해 안전하게 생존할 자신의 권리를 지키려 애쓴다. 앞서 만난 두 사람의 이야기에서 우리는, 최소한 태어난 나라에서 머무르는 경험이 정체성의 상실을 최소화하는 기회가 될 수 있다는 것을, 그리고 무엇보다 출생의 기록에는 반드시 국적과 부모의 정보가 기록되어야 한다는 것을 확인할 수 있다.

　누구에게나 그렇듯 출생은 본인의 의지로 선택하는 경험이 아니다. 그러나 태어난 이후로 내가 거쳐온 시간의 의미를 되돌아보고, 나름의 의미를 부여하고, 지금 이대로의 내 모습을 받아들여야 할 때, 길지 않은 생(生)의 기록을 확인할 수 있다는 것은 한 존재에게 상실의 쓸쓸함을 줄여주고, 그가 이후의 역사를 만들어가는 것에 너무도 중요한 역할을 담당한다.

모든 사람이 동등하다고 부끄럼 없이 말하려면, 삶을 시작한 모두에게 각자의 삶을 만들어나갈 기회를 주어야 하지 않을까? 최소한 그런 기회를 빼앗지 않으려고 최선을 다해 노력해야 하지 않을까? 누구나 본래의 정체성을 지키고, 그 정체성에 새로운 정체성을 더해나가며 찬란하게 성장하고 생을 누릴 수 있도록 말이다.

출생이 등록된다는 것은 단 한 명의 사람도 놓치지 않겠다는 공권력의 의지이며 실천이다. 아동의 기록을 왜곡하고 감추거나 기록조차 하지 못해서 벌어진 모든 결과를 우연한 사건이나 개인의 책임으로 돌려서는 안 된다. 시스템, 법과 제도의 구조적 문제로 직시해야 한다.

2장 출생신고의 의미

존재하지만 존재하지 않는 사람

A가 태어났다. A의 부모는 아이가 자라서도 놀림을 당하지 않을 이름, 의미 있고 부르기에도 좋은 이름을 지어주었다. 행여 과태료를 물게 될까 봐 부랴부랴 주민센터로 달려가 출생신고를 했다. 주민센터에 간 김에 아동수당도 신청하고, 때맞춰 병원에 데려가 예방접종을 했다. A는 무럭무럭 자라 어린이집에 가고 유치원도 다녔다. 어느 날, 집 근처 학교에서 A의 입학통지서가 날아왔다. 부모는 두근두근한 마음을 부여안고 앞으로 6년 동안 아이가 다니게 될 학교에 가보았다. A의 일상은 평범하게 흘러갔다.

B가 태어났다. B는 출생신고가 되지 않았다. 부모가 출생신고를 할 수 없었던 정확한 배경을 알 수는 없지만, 그

로 인해 B는 짐작보다 복잡하고 어려운 상황에 놓였다. B는 자라는 동안 몸이 아파도 제때 병원에 갈 수 없었다. 출생신고가 안 되어 건강보험에 가입할 수 없었고, 보험적용이 안 되어 병원비 부담이 컸기 때문이다. 어린이집은 물론 학교도 가지 못했다. 부모도 어느 순간부터 B의 생년월일을 정확히 기억하지 못했다. 시간이 흘러 B도 성인이 되었다. 취업은커녕 제대로 된 아르바이트조차 구할 수 없었다. 이대로라면 B는 집을 구할 수도, 결혼도 할 수 없을 것이다. B는 존재하지만 존재하지 않는 사람이기 때문이다.

출생등록은 인권의 출발점이다

 여러분은 앞의 이야기를 읽으며 어쩌면 "출생신고는 당연히 하는 것인 줄 알았는데?"라거나 "출생신고를 안 하는 사람도 있어?"라고 의문을 표할 수도 있다. 어떤 사람은 "출생신고를 하거나 안 한다고 뭐 크게 문제 될 거 없는 줄 알았는데" 하면서 고개를 갸웃할지도 모른다. 간혹 우리를 놀라게 하는 뉴스 외에는 출생신고 유무와 관련된 난감한 장면들이 그리 많이 떠오르지는 않을 터다. 혹자는 어떠한 어려움이 발생할 경우 그것이 출생사실이 등록되지 않았기 때문인지, 아니면 그 아이의 다른 정체성(출신 국가, 지역, 민족 등) 때문인지 헷갈릴지도 모른다. 한국에서 한국 시민으로 태어나면 당연히 출생이 등록된다고 생각하면서.

　우리는 또 출생신고가 되었다고 해서 사는 데 무슨 큰 도움이 되냐고 반문할 수도 있다. 정말 그럴까? 출생등록은 모든 사회적 존재가 권리를 향유하기 위한 필수적인 전제 조건이다. 따라서 매우 역설적이게도 그 자체만으로 어떤 이득이 있는지 쉽게 와닿지 않을뿐더러 반대의 경우 거기서 파생되는 어려움을 상상하기도 힘들다. 그런데 살다 보면, 나 이외의 타자에게 '나'라는 존재를 증명하고 설명해야 할 순간은 생각보다 많다. 앞의 경우처럼 병원에 가고 학교에 가고 취업을 하는 것처럼 말이다.

　주변에는 종종 이렇게 말하는 이도 있다. "출생신고? 외국인도 다 출생신고하면 한국 국적 주는 거 아냐?"

　국적과 출생신고에 대한 대표적인 오해다. 대한민국의 국적 취득에 대한 요건과 절차는 '국적법'에 따라 정해지는 것으로, '국적법'은 혈연주의(친자관계의 혈연을 기준으로 국적을 정하는 것으로, 속인주의라고 한다)를 고수한다. 즉 한국인에게서 태어난 자(子)를 한국인으로 인정하는 원칙을 따른다는 뜻이다. 한국에서 태어나 출생신고를 하더라도 부모가 모두 한국인이 아니면 출생 사실만으로 한국 국적을 취득할 수 없다. 출생의 신고와 등록, 그리고 증명은 국적취득과는 별개로 이루어지는 개념이다. 어떤 사람이 태어나 존재한다는 것과 어떤 사람이 한국인이라는 것은 다른 차원의 이야기라는 것이다.

그렇다면 출생등록이란 대체 무엇이고, 그 의미는 어떠한가? 출생등록이 어떤 내용을 담고 있어야 하는지, 어떤 요건을 갖추어야 제대로 된 출생등록이라고 할 수 있는지 꼼꼼하게 살펴보면 이 관념적인 행정절차들이 조금 더 선명해질 것이다. 유엔 통계처에서 만든 '신분등록 및 주요 통계의 원칙'(Principles and Recommendations for a Vital Statistics System)은 출생, 혼인, 사망 등의 신분등록에 관한 주요 요건을 다음과 같이 설명한다.[*]

지속성, 영속성, 가용성: 출생기록은 영구적으로 보장되어, 당사자가 손쉽게 기록에 접근하고 증명서를 발급받을 수 있어야 한다.

---

[*] Principles and Recommendations for a Vital Statistics System, Revision 3, United Nations Publication, Sales No.E.13.XVII.10, United Nations, 2014, para.297-299.

* 강제성: 보편적인 출생등록 보장을 위해서는 등록 강제가 효과적이다. 그러나 벌금 등 제재를 하는 경우 제재를 피하기 위한 조작이나 회피의 위험이 있어 조심해야 한다.

* 보편성: 한 국가 내에 출생한 아동들은 그들의 국적 및 다른 지위와 무관하게 모두 출생등록 되어야 한다.

* 기밀성: 출생신고 시 제출한 정보는 개인정보로서, 외부에 유출되지 않도록 보관되어야 한다.

* 적시성, 정확성: 출생 즉시(며칠~몇 주) 등록되어야 하며, 출생등록의 위조는 아동 인권의 침해로 이어질 위험이 크므로, 기록의 정확성이 유지되어야 한다.

* 비용 접근성: 보편적 출생등록을 위해, 출생등록 비용은 무료로 제공되어야 한다.

간추려 말하자면, 출생 사실의 등록은 쉽고 빠르게 누구든지 할 수 있어야 하고, 그 내용은 정확한 정보를 담아

---

*   이탁건·이진혜·이제호, 『국내 출생 아동에 대한 보편적 출생등록제도의 도입 방안에 대한 연구』, 법무법인(유한) 태평양·재단법인 동천, 공익법총서, 2020 참조.

야 하며, 공공기관에서 그에 대한 증명서를 발급받을 수 있어야 한다는 것이다.

같은 맥락에서, 아동권리협약은 아동의 출생을 등록할 때 최소한 출생 당시 아동의 이름, 성별, 출생일, 출생장소, 부모의 이름과 주소, 부모의 국적에 대한 정보를 담고 있어야 한다고 규정한다. 출생이 등록되는 것과 더불어 이름을 가질 권리, 국적을 가질 권리, 부모를 알 권리 및 부모에 의하여 양육될 권리 등을 보장하기 위함이다. 헤이그 국제입양협약도 아동의 출생에 관한 정보 보존과 출생정보에 대한 아동의 알 권리를 명시하고 있다.

이처럼 출생등록은 그 자체가 모든 사람의 권리인 동시에, 한 인간이 살아가면서 누려야 하는 다른 기본권의 전제가 된다. 한나 아렌트(Hannah Arendt)는 『전체주의의 기원The Origins of Totalitarianism』에서 전쟁 난민과 소수민족들이 '권리들을 가질 권리(Rights to have rights)'로서의 인권을 가지고 있다고 보았다.** 예를 들어 국경으로 구분

** 한나 아렌트 지음, 박미애, 이진우 옮김, 『전체주의의 기원』, 한길사, 2006, 528쪽 참조.

되는 주권국가의 국민으로서는 권리를 주장할 수 없는 경우에도 그가 여전히 인권의 주체로서 자신의 인권을 지킬 수 있도록 담보해주는 권리가 필요하다는 것이다. 한나 아렌트가 요청한 것과는 약간 다른 맥락이지만, 출생등록에 대한 권리도 '다른 권리들을 가질 권리'라고 생각한다. 만약 국가가 누군가의 존재를 증명하는 서류를 제공하지 않는다면, 그는 법과 제도가 보장하는 어떠한 권리도 주장할 수 없기 때문이다.

국가는 한 사람이 유일무이한 존재임을 등록하고 증명할 수 있는 공적 주체이다. 출생이 등록되지 않은 경우에는 권리의 주체로서 자기 자신을 내세울 수 없다. 모든 이후의 삶이 켜켜이 장벽과 장애에 가로막힌다. 어떤 국가에서건 국적을 불문하고, 출생등록이 인권의 출발선으로 수호되어야 할 권리인 이유이다.

학대, 유기 등 범죄 피해의 방지

출생등록이 되지 않은 아동에게는 어떤 위험이 있을까? 가장 우려되는 점은 학대, 유기, 실종, 불법입양 같이 위험 수위가 높은 범죄에 직접적으로 노출되기 쉽다는 것이다. 그보다 정도가 약하다고 해도 여러 종류의 폭력과 범죄의 피해자가 되기 쉽다는 점 역시 뻔하다. 2005년 개봉된 영화 〈아무도 모른다〉의 네 남매도 첫째 외에 출생신고가 되지 않은 경우였다. 학교는 물론, 집주인에게 들키지 않아야 하므로 베란다 외출조차 하지 않기로 약속한 채 집 안에만 머물러야 했던 세 명의 동생들. 크리스마스를 기점으로 약간의 돈과 메모를 남겨둔 채 엄마는 돌아오지 않는다. 1988년 일본 도쿄에서 일어난 실제 사례를

배경으로 한 이 영화는 출생신고에서 누락된 아동이 어떻게 세상의 시선에서 비켜나 있는지 처연하게 보여준다.

임씨는 부산, 대구, 구미, 대전, 인천, 평택 등 전국 곳곳에서 각각 40만 원에서 150만 원씩 현금을 주고 아기를 데려온 것으로 밝혀졌습니다. 직접 아기를 낳지 않아 출생증명서는 없었지만, 가족들이 보증을 서주면 문제가 없었습니다. (…중략…) 이처럼 인터넷에서 불법 입양 중개가 이뤄지는 이유 중 하나는, 아기를 주고받는 양측이 모두 '비공개'를 원하기 때문입니다.[*]

실제로 2016년에는 20대 여성이 현금을 주고 총 여섯 명의 아이를 불법으로 입양한 사례가 보도되어 세상을 떠들썩하게 했다. 2017년에도 여성 2명이 SNS를 통해 생후 2개월 된 아기를 매매한 사건이 있었다. 지인이 출산한 아이를 다른 사람의 자녀로 출생신고한 뒤 함께 기르다가 한

---

[*] https://news.kbs.co.kr/news/view.do?ncd=3225003, 〈KBS 뉴스〉, 불법 입양 실태 추적, "아기 삽니다", 2016.2.1.

사람이 집을 나가자 범행을 저질렀다고 했다.

현행법상 아동의 입양 절차에서 가장 먼저 확인해야 하는 것은 입양아동의 출생등록이다. 출생신고가 우선되어야 한다는 뜻이다. 너무나 당연한 이야기다. 입양을 보낼 아동의 이름이 무엇인지, 언제 태어났는지, 누가 입양을 보내고자 하는 것인지 입양부모도, 입양기관도, 그리고 아동 자신도 알아야 하기 때문이다. 무엇보다 아동을 입양하려면 법원의 허가를 받아야 하는데, 앞의 사례들은 어떠한 공적 절차도 거치지 않고 사적으로 아이를 주고받은 데다가, 친자(親子)라고 거짓 출생신고까지 한 경우다.

과거에는 입양 과정에서 출생신고를 거치지 않고 바로 입양부모의 친자녀로 출생신고를 하는 '공정증서원본 불실기재'*** 행위가 횡행하였다. 성인 두 명이 그 부모의 자녀가 맞다고 보증을 해주면 병원이 발행하는 출생증명서 없이도 출생신고를 할 수 있도록 한 인우보증(隣友保證)제

** https://www.news1.kr/articles/?3090513, 〈뉴스1〉, 출생증명서 위조에 아동 매매까지…출생신고 이대로 괜찮나, 2017.9.3.
*** 공무원에 대하여 허위신고를 하여 공정증서 원본, 면허증, 허가증, 등록증 또는 여권에 거짓의 사실을 기재하게 하는 형사 범죄(「형법」 제288조)를 말한다.

도가 있었기 때문이다. 이는 입양아동을 친자녀로 출생신고하는 행동에 큰 문제가 없다고 판단한 주변 사람들의 암묵적 동의이자 모의이기도 하다.

법원 역시, 입양의 의사로 한 출생신고가 기타 입양의 성립 요건이 갖추어져 있다면 입양의 효력이 있다고 판시하기도 하였다(대법원 1977. 7. 26. 선고 77다492 전원합의체 판결). 앞서 언급한 2016년 사례가 취재된 시점에도 출생증명서(의료법에 따라 분만에 관여한 의사나 조산사가 작성한다) 없이 주변인들이 인우보증서와 함께 인감증명 또는 주민등록표 등본 등을 첨부하면 그 보증으로 출생신고를 할 수 있었다. 문제는 출생등록 담당 공무원이 보증의 진실성이나 서류의 진위를 확인할 수 있는 절차는 없었다는 점이다. 그 결과, 영아매매, 불법입양, 허위 출생신고 등의 사건이 반복되었다. 다행히 이러한 방식으로 아동이 매매되거나 불법입양 될 가능성 등 여러 문제점을 인식하게 되었고, 현재는 출생신고의 정확성 확보를 목적으로 인우보증 제도가 폐지되었다. 이제는 출생신고를 하려면 반드시 출생증명서를 첨부하는 것이 원칙이다. 병원의 출생증명서가 없는 경우에는 가정법원의 확인을 받아야 출생신고를 할 수 있다.

40대 어린이집 원장이 미혼모에게 데려온 갓난아기를 6억 원에 팔아넘기려다 아동복지법 위반 혐의로 실형을 선고받기도 했습니다. (…중략…) 출생신고를 해 보육수당 수백만 원을 챙기고도 아기를 제대로 돌보지 않아 아기는 태어났을 때보다 몸무게가 줄어들 정도였습니다.*

아동의 출생신고를 하지 않은 보호자는 아동을 보건소는 물론 병원에 데려가지도, 어린이집에 보내지 않을 가능성도 크다. 건강보험의 적용을 받을 수 없고, 보육료 지원을 받을 수도 없기 때문이다. 자연스레 집 안팎에 방치되거나 다양한 학대 피해를 받더라도 발견하기가 어렵다. 출생신고가 되어 있지 않은 아동이 최악의 경우 사망에 이른다 해도 우연히 발견되지 않는 한 그 사실조차 파악하기

---

* https://news.kbs.co.kr/news/view.do?ncd=3225003, 〈KBS 뉴스〉, 불법 입양 실태 추적, "아기 삽니다", 2016.2.1.

불가능하다.

정부에서는 2019년부터 만3세 아동을 대상으로 소재·안전 전수조사를 시행하고 있으나 역시 불완전한 장치일 따름이다. 출생신고가 되어 주민등록상에 등재된 아동을 대상으로 조사가 이루어지는 탓이다. 출생신고가 되지 않은 아동은 존재 여부도 알 수 없으니, 소재 파악 대상에서 당연히 누락된다. 영영 사라진다 한들 그 누구도 알 수가 없다.

우리에겐 건강하게 살 권리가 있다

출생등록이 되지 않은 아동은 건강에 대한 권리도 직접적으로 박탈된다. 각종 공적 사회보장체계에서 배제되는 결과 병원비 부담이 커진다. 사회경제적으로 취약한 지위 때문에 출생신고를 못 한 경우라면(미등록 체류, 미혼부모, 청소년 부모 등) 보험적용을 받을 수 없어 온전히 부담해야 하는 높은 의료비 부담 때문에 병원 문턱을 쉽사리 넘어서지 못하게 된다. 여하한 사유로 출생신고를 하지 않았다면, 아이의 존재를 가급적 드러내지 않으려 할 테니 굳이 병원에 가지 않을 가능성도 크다. 신체적으로 성숙하지 않은 아동기에 제때 적합한 치료를 받지 못한 결과는 생존과 직결될 정도로 위험성이 농후하다.

제주에서 많게는 20여 년간 출생신고가 이뤄지지 않은 채 살아온 세 자매가 모두 어머니 A씨의 친자로 확인됐다. 이들은 각각 23살과 21살, 14살로 출생신고가 안 돼 무호적인 상태로 살아왔다. (…중략…) 제주시에 따르면 A씨는 1998년 병원에서 첫째 딸(23세)을 낳은 후 2000년과 2007년 집에서 둘째 딸(21세)과 셋째 딸(14세)을 각각 출산했다. 미성년인 셋째는 물론이고 두 언니도 출생신고가 되지 않아 유치원은 물론 초·중·고교까지 정규교육을 받아본 적이 없는 것으로 확인됐다. 병원 진료나 치료도 받은 적이 없다. A씨는 제주시 사회복지사와의 상담에서 "학교에 가지 못한 딸들을 책과 인터넷, 교육방송 프로그램 등을 통해 교육시켰다. 딸들이 크게 아픈 적이 없어 약국에서 산 해열제 등을 먹이며 딸들을 키웠다"고 밝혔다.[*]

---

[*] https://www.joongang.co.kr/article/25038409#home, 〈중앙일보〉, "출생신고 절차 몰랐다"…제주 유령 세 자매의 기구한 사연, 2022.1.5.

아이러니하게도 '권리'는 침해당했을 때 비로소 가시화된다. 권리의 주체인 사람은 권리가 침해되면 이를 보호하여 달라고, 회복시켜 달라고 국가에 요청할 수 있다. 이런 힘의 행사 과정을 통해 권리의 의미는 더욱 명확해진다.

건강권도 그러한 권리 중 하나이다. 세계보건기구(WHO) 헌장은 건강권은 보편적 인권으로서 '단지 질병에 걸리지 않거나 허약하지 않은 상태뿐만 아니라, 육체적, 정신적, 사회적으로 온전히 행복한 상태를 의미하며, 인종, 종교, 정치적 신념, 경제적 혹은 사회적 조건에 따른 차별 없이 최상의 건강 수준을 유지할 수 있는 기본권'을 의미한다고 규정한다. 즉, 모든 사람이 건강한 상태를 갖는 것은 불가능하기에, 건강하게 살 권리란 곧 몸과 마음이 건강한 상태를 누릴 수 있도록 누구든 보건의료기관 및 서비스에 수월하게 접근할 수 있게끔 다양한 기회를 보장해야 한다는 뜻이다. 그만큼 국가의 역할이 중요하다는 것을 강조하는데, 경제적 능력에 따라 건강 상태는 물론 수명에도 차이가 나는 현대사회에서는 특히 되짚어볼 만한 대목이다.

우리나라에서 시행 중인 건강할 기회를 보장하기 위한 대표적인 정책은 사회보험으로서, 출생과 동시에 가입하고 의료비 지급을 보장하는 국민건강보험이다. 경제적으로 여건이 어려운 사람에게는 의료급여제도에 따라 지방자치단체 재정으로 병원비를 부담한다.

그러나 출생등록이 되지 않은 아동은 건강하게 살 권리를 보장받지 못할 위험이 크다. 일례로 한국에서 살고 있지만, 건강보험에 가입할 수 없는 외국 국적의 미등록 아동에 관한 2019년 실태조사 자료를 참고해보자. 미등록이주민 양육자의 52.1%는 "자녀가 아픈데도 병원에 데려가지 못한 경험이 있다"고 보고하였는데, 이는 2016년 제7기 국민건강영양조사 결과, 국내 만 12~18세 아동 중 충분한 의료적 조치를 받지 못한다고 답변한 비율이 5.6%였던 결과와 극히 대비된다. 이들 응답자의 39.3%는 "병원비가 비싸서" 아이를 병원에 데려가지 못했다고 응답하였고, 보호자 대부분은 아이가 아플 때 약국에서 약을 사서 먹였다고 답했다. 본국에서 가져온 약을 먹이거나 민간·전통요법으로 치료했다는 응답도 있었다. "아파도 참으라고 했다"고 답한 비율도 무려 7.7%에 달했다. 외국인 미혼부가

---

*   경기도 외국인인권지원센터, 2019 미등록 이주민 건강권 실태조사.

혼자 양육하고 있던 아동 M은 출생신고 전에는 미등록 이주아동이라서 출생신고 된 후에는 미등록 이주민의 자녀라서 어려움을 겪고 있다.

파주의 'J 어린이집'은 이주배경을 가진 아이들이 다니는 어린이집이다. 국가의 보육료 지원을 받지 못하고, 사회적 편견과 차별 때문에 어린이집에 아이를 보내기 어려운 한부모 혹은 난민 가정의 자녀들이 대부분이다. 'J 어린이집'의 맏형인 M은 학교에 가기 직전에야 어렵게 출생신고를 할 수 있었다. 출생 직후 한국인인 친모가 아이에 대한 출생신고를 거부하고 잠적하였기 때문이다. 어머니를 찾기 위해 사방팔방 헤매고, 인터넷 SNS 메시지를 수없이 보내고, 직접 방문하여 사정한 끝에 어렵게 출생신고서에 사인을 받을 수 있었다.
M은 몸이 좋지 않다. 갑자기 경련을 일으켜 병원에 갔더니 원인 불명의 뇌전증 진단을 받았다. 출생신고를 하기 전에는 무국적, 미등록 이주배경아동으로 어떠한 의료적 지원도 받을 수 없었다. 출생신고를 하고, 어머니의 국적을 따라 한국 국적을 인정받자, 건강보험

의 적용대상에는 가까스로 편입이 되었다. 그러나 여전히, M의 유일한 보호자인 아버지가 미등록 외국인이라는 이유로 기초생활보장 대상 적격자임에도 이에 접근하지 못하고 있다. 병원에 한 번 갈 때마다 많은 비용이 든다. M의 아버지는 병원비를 벌기 위해 위험하고 불안정한 일을 한다.

한편, M은 '우연히' 어머니가 한국인인 덕분에 한국 국적을 가지게 되었다. 출생신고를 한 직후 학교에 등교해야 한다는 연락이 교육청에서 빗발쳤다. 입학하지 않으면 큰일이 난다고 했다. 제대로 입학했는지 영상 통화라도 해서 꼭 확인해보아야겠다고 했다. 그러나 부모가 모두 외국인인 다른 아이에겐 어떤 연락도, 확인도 없었다.

아동권리협약은 아동이라면 누구든지 비용 부담을 이유로 치료시설에 접근할 기회를 놓치지 않도록 체약국이 이를 보장할 의무가 있다고 명시하였다. 아동권리협약을 비준한 대한민국은 생명에 대한 아동의 고유한 권리를 확인하고(제6조 제1항), 가능한 최대한도로 아동의 생존과 발달을 보장하여야 한다(동조 제2항). 또한 국가는 아동이 도달 가능한 최상의 건강수준을 향유하고, 질병의 치료와 건강의 회복을 위한 시설을 이용할 수 있도록 보장해야 한다(제24조). 대한민국의 관할권이 미치는 영역 내 있는 아동은 누구든지 국내법과 동일한 효력을 가지는 이 국제조약에 따른 권리를 보장받는다.

　미등록 이주아동이 건강보험에 가입할 수 없는 이유는 한국인이 아니고 체류자격을 부여받지 못했기 때문이기도 하지만, 그 모든 전제로서 출생등록이 안 되었기 때문이다. 부모가 한국인인 경우에도 출생등록이 되지 않은 아동은 건강보험에 가입할 수 없다. 신생아 초기 때 반드시 해야 하는 예방접종을 비롯하여 소아기 때 제대로 치료받지 못하여 병을 얻거나, 단순한 감기임에도 치료 시기를 놓쳐서 폐렴으로 번지거나, 약물 및 운동치료가 필요한 질병을 방치하여 손을 쓸 수 없게 악화하기도 한다.

　평소 질병이나 사고에 대비하지 못하고 있다가 급작스런 증상이나 사고로 병원에 가는 경우, 출생등록이 되어있지 않은 아동의 의료비는 가히 천문학적이다. 그리고 이 모든 비용을 오롯이 개개인이 부담해야 한다. 병원에서는 의료비 지출이 가능한지 먼저 확인하고, 이를 담보하기 위해 보호자에게 입원 전 각서, 보증계약 등을 요구하거나, 치료비를 선결제할 것을 강요하기도 한다. 치료비를 부담하기 어려운 형편에 처한 양육자들이 아이를 병원에 두고 사라지는 경우도 종종 발생한다. 인큐베이터에 있는 아이를 놓고 사라진 미혼모의 이야기 역시 현실이다. 취약한 생명을 보호하기 위한 안전망이 제대로 작동하지 않은 결과, 아이는 친부모의 인적사항을 전혀 모른 채 성장하기도 하고, 병원 역시 막대한 비용 부담을 지기도 한다.

교육의 기회는 만인의 것

생애 전 과정에서 인권의 보장과 존중을 위한 수단이자 목적으로서, 교육의 중요성은 거듭 강조해도 과언이 아니다. 그러나 국가가 제공하는 '교육제도'는 공권력이 작동되는 범위에서만 적용되게 설계되었다. 존재가 증명되어 그이의 삶을 확인할 수 있을 때, 초등 무상교육과 의무교육의 권리가 보장될 수 있다는 것이다. 출생이 등록되지 않은 경우, 교육에 대한 권리는 당연히 지켜지지 않는다.

선감학원에서 정기 교육만 받게 해줬더라면 피해자 신고도 안 했을 거예요. 선감학원에서도 몇 명은 국민학교를 다녔는데 얼마나 부러웠는지 몰라요. 그 부분이

제일 억울해요. 공부해야 될 시기에 선감학원에 잡혀가서 공부도 못 한 거. 선감학원 탈출해서는 선감학원에서 말하는 진짜 부랑아가 됐어요.*

모든 아동에겐 교육받을 권리가 있다. 헌법재판소는 교육을 통한 개인의 잠재적인 능력 계발을 통해 인간다운 문화생활과 직업생활을 할 수 있는 기초를 마련해야 한다고 강조하고 있다. 문화적이고 지적인 사회 풍토를 조성하고 문화창조의 바탕을 마련하여 헌법이 추구하는 문화국가를 촉진하는 데 교육이 필요하다고 본 것이다. 민주시민으로서 민주주의를 뿌리내리게 하는 데도 교육이 필요하다는 내용은 물론 능력에 따른 균등한 교육이 직업생활 및 경제생활에서 실질적인 평등을 실현하여 사회국가 및 복지국가의 이념을 실현할 수 있다는 문구도 있다(헌재 1994. 2. 24. 93헌마192 결정). 특히 의무교육에 해당하는 초·중등학교에 다니면서 받는 교육기회를 빼앗는다면, 이는 보호

---

* 하금철·홍은전·강혜민·김유미 공저/비마이너 기획, 『아무도 내게 꿈을 묻지 않았다: 선감학원 피해생존자 구술 기록집』, 오월의 봄, 2019.

자의 아동보호 의무를 위반하는 것이며, 국가 역시 그 책임을 다하지 못한 것이라고 강조한다.

선감학원은 아동에 대한 국가폭력의 대표적인 사례이다. 일제강점기 부랑아 수용시설로 설립된 선감학원에 강제수용된 아이들은 각종 폭력에 고스란히 노출되었으며, 삶의 기본적 권리를 철저하게 박탈당했다. 당시 수용 아동의 인적사항을 제대로 기록하지 않아 본명이 뒤바뀌거나 사망신고가 제대로 이뤄지지 않는 등 여러 문제점도 확인되고 있다. 특히 선감학원에서 학교에 다닐 수 있었던 아동은 열에 한 명도 채 되지 않았다고 한다. 선감학원에서 살아남은 피해생존자들의 구술 기록을 살펴보면, 학교에 다닐 수 있게 해주지 않은 점에 대한 원망과 회한이 여러 차례 등장한다. 수용된 아이들에게 주어진 것은 공부할 시간이 아닌 강제 노역과 심심풀이 싸움 붙이기, 이유 없는 단체기합 등 괴롭힘이었다. 기본적인 교육기회를 박탈함으로써 이들의 인생 전부를 빼앗은 것이다.

한편, 외국인으로 국적국에 출생신고를 하지 못하여 서류가 미비한 상태에서 집 근처의 초등학교에 입학하는 예도 있다. 자녀의 교육권을 지키고자 하는 보호자의 의지가 있는 경우에는, 어렵지만 학교 입학도 가능하긴 하다. 초·중등교육법은 출생등록이 되지 않은 아동에게도 교육기회를 보장하도록 규율하고 있기 때문이다.

문제는 규범이 아닌 '현실'이다. 정확한 성명과 생년월일의 기재 등이 확보되지 않으면 추후 중학교, 고등학교의 진학 과정에서 같은 사람이라는 점을 입증하기 불가능하거나, 본국으로 귀환하였을 때 학력인증을 못 받기도 한다. 국가가 서류로 증명해주는 출생등록이 되어 있었다면 아무런 문제없이 자신이 다닌 학교와 학년을 증명할 수 있는데 학교에 다니고도 이를 증명할 수 없어 연령대에 맞는 교육을 받지 못하게 되는 문제가 발생하는 것이다.

더 큰 문제는 자녀를 학교에 보내어 교육받게 하려는 의지가 없는 보호자의 자녀에게 발생한다. 이 경우 권리의 보장으로서 교육받게 할 방법이 없으므로 아이는 아무런 자극을 받지 못한 채 방치된다. 출생이 등록된 아동은 관할 지방자치단체에서 입학 전 소집 통지를 보내고, 이에 응하지 않을 때 아동이 잘 지내는지, 주소지에 거주하는지 등을 파악하지만, 출생이 등록되지 않은 아동을 파악하는 행정 주체는 없기 때문이다.

나는 몇 살입니까

 '나이'를 정확하게 아는 것은 어떤 의미일까. 나이란 그저 많고 적음을 확인하기 위한 수단이 아니다. 아동권리협약이 최종적으로 채택되기까지 무려 10년이 걸린* 이유는 '아동을 몇 살까지로' 정의하느냐는 매우 큰 쟁점 때문이었다. 아동권리협약이 제1조에서 '아동은 만 18세 미만의 사람'이라고 규정한 이유는, 일정한 연령까지는 권리 실현에 필수적인 의무이행자의 역할이 중요하기 때문이었다.

---

* 아동권리협약보다 늦게 논의되기 시작한 고문방지협약이 더 빠르게 유엔총회에서 채택되었다.

S씨는 육군에 입대하여 하사관으로 복무하다가 원사로 진급하여 32년의 복무 끝에 명예전역하였다. 그런데 S씨의 전역 이후, S씨가 실제 나이 19세일 무렵 저질렀던 범죄 전력이 밝혀지면서 하사관 임용이 무효가 되고 전역수당 및 퇴직급여 환수처분을 받게 되었다.

당시 S씨는 출생신고가 실제와 다르게 되어, 실제 나이보다 많은 성년으로 처벌을 받았으나, 실제 나이대로 하면 소년법상 미성년자로서 전과가 남지 않는 상황이었다. S씨는 이를 뒤늦게 알고 출생기록을 정정하고 하사관 임용 무효 처분을 다투었다. S씨는 결국 원래 나이를 인정받고, 소년법에 따라 전과가 남지 않게 되어 하사관 임용도 유효한 것으로 판결을 받았다. 대법원에서 이러한 결정을 받기까지는 3년이 걸렸다.[*]

위 사례에서 보듯 '나이'를 정확하게 아는 것은 때로 아주 중요하다. 의무교육을 포함해 공교육에 접근할 권리 보

---

[*] 대법원 2019.2.14. 선고 2017두62587 판결 등 참고.

장의 측면에서도 그렇지만, 계약을 스스로 체결할 수 있고 그 책임을 질 수 있는지, 형사 범죄를 저질렀을 때 소년법의 적용을 받을 것인지, 징병되어 전쟁터에 군인으로 갈 것인지 여부 등이 모두 연령을 기준으로 결정되는 탓이다. 아동보호를 위한 최소한의 안전장치가 나이를 기준으로 작동하는 것이다.

대의제 민주주의 사회에서 꼭 필요한 투표할 권리 역시 '나이'를 기준으로 주어진다. 대통령, 국회의원 등을 뽑는 주요 선거권 연령이 만 18세 이상으로 낮아진 것은 2019년 12월, 불과 3년도 되지 않았다. 선거권과 더불어 국민을 대표하여 공공의 업무를 수행할 권리, 공무담임권 역시 한 나라의 국민이자 시민으로서 누릴 수 있는 권리이다. 이러한 정치적 참여권은 한 사람이 국가적 공동체 내에 포함되어 있고, 다른 공동체 구성원과 토의하고 연대하여 자신과 주변인들의 미래를 결정할 수 있다는 점에서 현대 민주주의 국가에서 가장 기본적이고 중요한 권리 중 하나이다. 즉, 투표하고 선출될 수 있는 권리는 기본적 인권의 한 내용으로, 최대한 많은 이들에게 보장될 수 있도록 기준 연령을 낮추는 움직임도 국제적으로 확인할 수 있다. 그러나 출생등록이 되지 않았거나 부정확하게 이루어진 아동은 만 18세가 되었음을, 자신이 참정권을 가진 유권자임을 증명할 수 없어서, 또는 선거에 출마할 수 있는 동료시민임을 증명할 수 없어 선거에 참여하지 못한다.

출생신고 당시 중요한 정보 중 하나가 바로 '출생연월일'이다. 의사, 조산원 등 출산에 조력한 자가 출생 시각을 확인하여 기재한 '출생증명서'는 출생신고서에 첨부하여야 하는 중요한 서류이다. 이러한 '출생증명서'가 없으면 가정법원의 출생확인을 받아야 하는데, 법원은 출생 사실을 확인하여 주는 기타 여러 가지 정황 및 진술을 토대로 판단한다. 출생증명서에 기재된 연월일이 곧 해당 아동의 생일이다. 명리학을 중시하는 사람들에게는 사주팔자를 정하는 시간이니 한 사람의 운명과 직결되는 중요한 정보이기도 할 테지만, 출생등록이 안 되었다는 것은 나의 나이를 정확하게 알 수 없다는, 매우 당혹스러운 현실을 뜻하기도 한다.

진짜 '나'를 찾기 위한 여정

 드라마 〈연모〉의 주인공 이휘는 자신으로 착각해 죽임을 당한 쌍둥이 오빠를 대신해 세자의 삶을 살게 된 인물이다. 어찌할 수 없이 왕위에 올라 각종 음모와 권력투쟁에서 가까스로 살아남은 직후, 대왕대비는 휘에게 죽음으로 위장할 터이니 멀리 달아나 없는 사람처럼 살라고 청한다. 여인의 몸으로 왕이 되었단 사실은 당시 대역죄에 해당했다. 하지만 휘는 이를 거절하며, "살아서도 살아있지 않은 채, 이제는 더 이상 그런 허상의 삶을 살고 싶지 않습니다"라고 대답하면서 어떤 처벌이라도 감내하겠다고 밝힌다. 이렇듯 원치 않게 사람들을 속여가며 남의 삶을 살아온 사람이 여기에도 있다. 평생 죽은 형의 이름으로 살아온 P의 이야기이다.

P씨는 두 살 위 죽은 형의 이름으로 살아왔다. 어린 시절 형이 갑자기 세상을 떠나자, 부모가 P씨를 따로 출생신고하지 않고 죽은 형의 호적과 이름, 생년월일을 그대로 쓰도록 했기 때문이다. (…중략…) 그에게 지난 66년은 단순히 죽은 이의 이름과 생년월일을 사용한 것을 의미하지 않는다. 사회가 '너는 누구냐'고 물을 때마다 그는 끝없이 위축됐다. 우여곡절 끝에 사정을 설명한다 해도 '주민등록증'이 가리키는 사람은 '진짜 나'가 아니었다. 청각장애 때문에 제대로 해명을 할 수 없다는 점도 그를 내내 괴롭혔다. '저는 항상 사회에서 의심받으며 살아야 했어요. 장애인이니까 아무리 해명해도 무시하고 믿어주지 않았죠. 예전 이름은 정말 꼴도 보기 싫었어요.'*

---

* https://www.hankookilbo.com/News/Read/201908072258051401, 〈한국일보〉, "66년 만에 찾은 내 이름…'진짜 나'는 아직도 미로 속에", 2019.8.10.

P는 법률지원을 통해 법원에서 가족관계등록부 창설 결정을 받았다. 형의 기록은 사망신고로 정리하고, 본명으로 된 본인의 기록은 가족관계등록부의 창설 신고 및 주민등록 신고를 통해 새로 작성하였다.

문제는 66세가 될 때까지 이루어온 P의 모든 관계와 지위였다. P의 부인은 P의 형과 혼인한 것으로 기재되어 있었고, 딸 역시 형의 가족으로 남아있었다. 이를 정정하기 위해서 '혼인관계부존재확인의 소'와 '친생자관계존부확인의 소'를 다시 법원에 제기해야 했다. 그 밖에도 건강보험, 예금, 자동차 등록, 근로계약, 운전면허 등 여러 계약 및 면허의 주체가 본인의 명의가 아니었으므로, 일일이 이를 변경하거나, 행정소송을 거쳐야만 변경이 가능하다는 답변을 듣고 좌절하기도 했다.

P의 사례는 '그럼에도 불구하고' 자신의 정체성을 찾기 위해 노력하였던 당사자의 절실함이 어디에서 발원하는지 고민하게 한다. 주변의 많은 사람들이 '그냥 그렇게 살라'고 조언하였지만, P는 그러지 않았다. 사회적 주체로서의 자신이 실제의 자신과 다르다는 문제가 평생에 걸쳐 P를 괴롭혀왔기 때문이다. 얽힌 실타래 같은 P의 신분관계를

모두 실제와 같게 정리하는 것은 66년이라는 세월만큼이나 복잡했다. P의 부모가 죽은 형의 호적을 '재활용'하지 않고 P를 위해 새로 출생신고를 하였다면 어땠을까.

1952년에 태어난 X씨는 어려운 가정형편 탓에 고작 6살의 나이로 남의 집에 가사 도우미로 보내졌다. 가족과 제대로 만나지 못하고 지낸 X씨는 1960년대 초가 돼서야 친오빠를 만났고, 실제 태어난 연도보다 4년이 늦은 1956년생으로 주민등록을 신고했다. 이때까지도 자신의 출생신고가 되지 않은 사실을 X씨는 몰랐다. 식당이나 공장에서 일을 하며 생계를 이어간 X씨는 2017년 신장병 악화로 수술을 받아야 하는 시기가 돼서야 자신의 출생신고가 되지 않았다는 사실을 알게 됐다. 이런 상황에서는 수술하더라도 의료비 지원을 일부밖에 받을 수 없고 주거지원에서는 아예 제외되는 실정이었다.[*]

---

[*] https://www.mk.co.kr/news/society/view/2021/09/896588/, 〈매일경제〉, "'출생신고 누락' 할머니, 우여곡절 끝 오류 정정…'제도정비 필요'", 2021.9.16.

X와 같은 사례가 종종 언론에 보도되곤 한다. 주민등록은 되어 있는데, 출생등록은 되지 않은 사람들. 가족관계의 등록 등에 관한 법률(가족관계등록법)과 주민등록법이 별도로 있고, 관계부처도 각기 다른 현실에서 발생하는 행정의 공백이다.** X도 뒤늦게 주민등록은 되었지만, 출생등록은 안 된 경우였다. 그런 그가 60세를 넘겨 출생신고를 하는 과정은 험난할 따름이었다. 우선 X가 친모의 자녀라는 점을 증명하기 위해 유전자 검사를 거쳤고, 법원의 출생확인을 받았다. 법원의 출생확인은 병원이 발급하는 출생증명서를 대신하는 서류이다. 그러나 법원의 출생확인을 받은 뒤에도, X의 출생신고는 50일이 넘도록 지연되었다. 출생신고를 하기 전에 X의 친모가 사망한 것이다. 구청은 "법적 출생신고 의무자가 사망했기 때문에 출생신고가 불가능하다"고 했다. 이 사건을 조력했던 변호사는

** 가족관계등록제도는 대법원이 관장하며, 국민의 출생·혼인·사망 등의 신분관계를 증명하는 공적 장부로 기능한다. 주민등록제도는 행정안전부가 소관부처로, 주거지인 주민등록지를 중심으로 선거, 의료보험, 병역, 교육 등의 행정 목적에 따라 작성되는 공부이다(법원행정처. (2012). 『가족관계등록실무 [I]).

직권 출생신고를 할 수 있는 검찰과 지자체에 수차례 민원을 넣으며 설득했다. 결과적으로는 구청은 가정법원과 법원행정처의 답변을 토대로 출생신고 서류를 처리해줬다고 한다. 긴 세월이 흘러 자신의 존재를 되찾기 위한 여정은 그저 '신고하면 될 일'이 아니었다. X의 존재를 부존재로 만든 이들은 부모인가, 국가인가.

출생신고서의 내용은 이름, 생년월일, 부모님의 인적사항 정도로 구성된다. 간략하다면 간략하지만, 중요하다면 한없이 중요한 정보들로 이루어져 있다. 이러한 기록들이 진실성을 잃고 진정한 자신이 누구인지 알 수 없게 한다면 개인은 일반적으로는 상상할 수 없는 '행정지옥'에 빠질 뿐만 아니라 사회적으로도 위축감을 느끼며, 진실하지 못한 사람으로 취급받는 등 개인의 명예도 심각한 위협을 받게 된다. 내가 누구인지를 자연스럽고 당당하게 말하지 못하는 사람의 고충을 사전에 방지하기 위해서라도, 제대로 된 출생의 신고와 등록은 중요하다. 정확하게, 적시에, 누구든지 보편적으로 이용할 수 있도록 제도 마련이 시급하다. 그것이야말로 한 인간에 대한 국가의 첫 번째 역할이 아닐까?

3장

출생신고와 가족을 구성할 권리

엄마한테 남편이 없다고
네게 아빠가 없어야 하는 건 아니지

 2019년 방영된 〈동백꽃 필 무렵〉은 미혼모를 향한 사람들의 편견을 여실히 보여준다. 주인공 동백이 운영하는 '까멜리아'의 업종은 단란주점이나 유흥주점이 아닌 일반음식점이지만, 홀로 아이를 키우는 젊은 여성이 안주와 함께 술을 판매하는 식당을 운영한다는 사실은 여러 추측을 가능하게 한다. 결혼하지 않은 여성이 아이가 있다는 점, 그 여성은 젊고 아름답다는 점, 술을 판매한다는 점, 남성들이 주로 까멜리아를 방문한다는 점, 굳이 이 글에 풀어내지 않아도 소위 '행실이 단정치 않은 여자'라는 이미지가 떠오르지 않는가? '그녀 동백'에게서 자녀를 양육하는 엄마, 일하는 여성의 정체성부터 인식되지는 않았을 것 같다. 그래서 옹산이라는 가상의 좁은 지역은 배타적인 태도를 감추지 않았지만, 다행히 드라마는 동백과 주민들이 서로의 일상을 공유하며 함께 성장해가는 모습을 보여준다.

한부모 가정이건, 재혼가정이나 입양가정이건, 조손가정이건, 다문화·이주배경 가정이건, 넓은 의미의 가족이란 일상의 생활을 공유하는 집단으로서 다양한 모습을 띨 수 있다. 〈동백꽃 필 무렵〉은 분명 오늘날 다양한 가족상을 수용하는 사회적 변화를 가늠케 한다. 그만큼 이제 우리 사회에 전형적인 모습이 아닌 가족을 가진 사람이 많아졌고, 이에 대한 규범 역시 시간이 흐르며 달라지고 있다는 뜻이리라.

하지만 사회에 가시화된 다양한 가족상에 비례하여, 우리의 의식도 기꺼이 변화하고 있지는 못하다. 한국 현대사에서 형성된 이성애 중심의 부모와 자녀라는 전형적인 가족 이미지를 벗어난 가족의 모습을 안타깝게 여기거나, 특이하게 보거나, 급진적이라고 받아들이는 시각을 곳곳에서 찾아볼 수 있지 않은가? 법률에서는 다양한 가족 모습에 대한 수용 정도가 더욱더 느린 편이다. 아직도 법률이 전제하는 가족의 형태는 혼인한 남성과 여성, 그리고 그들 사이의 혈연 자녀로 구성되어 있다. 이러한 입법은 법률이 어떤 가족관계를 옳고 그른지 인정하고 판단하기 위함이 아니라, 처음 법률이 만들어질 당시에 입법자들이 상상했던 가족의 형태에 고정된 것이다. 입법자들은 시민의 가족생활과 가족을 구성할 권리를 보호하기 위해 규정을 만들었지만, 현실 사회 속 일상의 변화는 늘 법률에 앞서기 때문이다. 어쩌면 법이 만들어졌기 때문에, 법이 아우르지 못한 가족의 모습이 눈에 띈 것일지도 모르겠다. 이렇게 고정된 법률과 그 전제는 실제로 존재하는 다양한 가족의 모습을 법률이 보호하는 경계 밖으로 밀어내며 특정 가족 유형을 강화하기도 한다.

한편, 〈동백꽃 필 무렵〉은 비단 동백이라는 미혼모만 보여주지 않는다. 미혼모를 엄마로 둔 여덟 살 필구의 이야기도 주요하게 그려낸다. "내가 꼭 아빠가 없어야 하는 건 아니잖아?"라고 되묻는 필구에게 동백은 "맞다, 엄마가 남편이 없다고 네가 아빠가 없어야 하는 건 아니지"라며 수긍한다. 위 장면에 이르는 앞뒤의 맥락은 미혼이건 이혼이건, 부모가 미성년 자녀를 어떻게 존중하며 가족관계를 만들어가야 하는지를 보여주는 이야기지만, 단편적인 대사만 짚어보기로 하겠다. 즉, 동백과 종렬의 관계가 어떠하든, 이들은 필구에 대한 온전한 책임을 부담할 법적·도덕적 의무가 있다는 것이다.

아주 우연히 필구의 친부인 종렬이 동백과 필구의 존재를 알게 되지 않았다면(유명한 야구선수인 필구의 친부는 프로그램 촬영차 옹산에 방문하였다가, 동백이네 가족을 만나게 된다), 종렬이 계속 동백과 필구의 주변을 서성이며 필구가 눈치채게 만들지 않았다면, 필구는 영원히 아빠의 존재를 몰랐을지도 모른다. 그때까지 동백은 필구에게 아빠는 똑똑한 박사님이고, 공부를 잘해서 중국에 가 있다는 정도로만 둘러대고 있었다. 동백은 자녀의 양육과 돌봄에 최선을 다했지만, 아이가 아빠를 안다는 것이 아이의 삶에 미치는 영향까지는 충분히 살필 여력이 없었다. 종렬도 자신이 아빠라는 생각에 뭐라도 해보려고 시도는 해보았지만, 필구의 입장에서 아빠된 역할을 고민한 건 아니었다. 다행히 이 관계도 동백과 종렬이 필구를 중심으로 서로의 역할을 조율하는 모습으로 나아진다.

필구의 가족관계등록부에는 여전히 동백만 있을 것이

라는 점도 짚어볼 필요가 있다. 필구가 일시적으로 서울에 있는 종렬의 집에 머물던 시점이 있었는데, 당시 종렬은 필구가 전학 간 학교에 본인을 '삼촌'이라 소개했고, 필구의 식사도 제대로 챙기지 못한 종렬에게 동백이 주먹을 날리며 "전 국민이 다 알게 친자확인 소송해줄 거니까, 너, 덤빌 거면 네 거 다 걸고 덤벼"라며 필구를 데리고 돌아섰던 모습에서 추정컨대 그렇다. 동백과 종렬, 필구 모두 엄마와 아빠, 자녀가 누구인지 알고 있지만, 출생의 정보는 온전히 기록되지 않았을 가능성이 능히 짐작된다. 그저 '안다는 것'만으로 충분할까? 정체성 보존의 관점에서 제대로 된 출생등록이 이루어지는 것은 태어난 시점에 최우선하여 보장되어야겠지만, 그 이후에도 마땅히 정정되고 보완될 수 있어야 한다. 종렬이 필구에게 자신을 아빠라 밝히는 것에서 나아가 필구의 아빠로 등록될 의무를 다했다면 좋았을 것이라는 아쉬움도 남는다. 물론, 이 모든 등록의 요구는 필구를 중심에 두어야 한다. 동백과 종렬의 법적·사실적 관계에 앞서 엄마와 아빠는 자녀에 대한 관계에서 각자 존재하는 의무이행자이자 협력자라는 점이 중요하다. 부와 모 각자가 자녀에 대한 보호와 양육의 의무를 이행하는 한편, 이들의 출생기록을 잘 기록하고 전달하기 위한 제도가 갖춰져야 한다는 것이다.

현행의 출생과 가족관계에 대한 제도는 특정한 가족의 모습만 승인하고 인정하는 것에 일조하는 문제가 있다. 출생신고 제도는 애초에 입법자가 시민의 존재를 증명하고 권리의 주체로 인지하기 위해 만든 제도지만, 특정한 모습을 갖춘 경우에만 제도의 경계 안으로 손쉽게 포함되게끔 작동한다. 예를 들어 엄마와 혼인한 남성 배우자가 아동의 출생 당시 아빠가 된다는 '친생추정'은 독점적인 이성혼 관계를 전제로 한다. 혼인 중에 태어난 아동과 혼인 외에 태어난 아동을 구분하는 제도는 법률상 혼인제도 편입을 기준으로 하고, 별도의 합의가 없으면 원칙적으로 아빠의 성을 따르도록 하는 제도는 부계혈통주의와 관련이 있다. 신고의무자를 부모 또는 모로 제한하는 제도는 부모의 마땅한 역할에 대한 고민으로 이어진다.

출생의 기록은 모든 인간이 누려야 할 보편적인 권리이기 때문에 가족의 모습이나 국적, 부모의 의지에 따라 다르게 보장되어서는 안 된다. 인권은 누구에게나 조건 없이 주어진 것이므로, 즉 생득(生得)적인 것이기에 가족의 형태나 관계를 갖추는 것이 조건이 될 수는 없다. 국가가 시민의 출생과 가족관계를 기록하는 이유는, 그 권리 존중에 대한 책무로서 시민의 존재를 증명하기 위함이다. 게다가 출생의 등록으로 보호하고자 하는 시민인, 이제 막 태어난 아동에게 가족의 모습이란 본인들이 선택할 수 없었던 것 아닌가? 따라서 출생신고와 가족의 모습을 연관지어 보는 작업은 원활한 출생신고 절차를 가로막는 장벽들을 한 번 더 확인하고, 출생등록 제도의 재구성을 상상해보는 작업이라는 점에서 의미가 있다.

법으로 정해지는 부모와 자식 관계

 두 사람이 결혼하고, 이들 사이에서 자녀가 태어나면, 이 아이의 부모는 누가 될까? 뜬금없는 질문이지만 부모는 아이를 낳은 사람과 그의 남편이 된다. 남편이란 법적 혼인신고를 마친 이성(異姓)의 남자를 말한다. 따라서 자녀의 출생을 신고하면 아이를 낳은 여성과 그 남편이 부모로 기록된다. 사람들 대부분은 부부(夫婦)가 부모(父母)가 되는 것을 당연하게 생각한다. 이는 법으로도 정해져 있다. 민법 제844조 제1항 "아내가 혼인 중에 임신한 자녀는 남편의 자녀로 추정한다."라는 조문이다. 출산한 사람의 남편이 아버지가 되는 제도를 '친생추정'이라고 부른다.

 그런데 부부가 부모가 되는 것이 당연하다고 생각한 사

람들이라면 당연한 사실을 왜 법으로까지 정했는지 궁금할지도 모르겠다. 중세 프랑스 배경의 영화인 〈마르탱 게르의 귀향〉의 내용을 예로 살펴보자.

주인공 마르탱은 베르트랑드와 혼인하지만 둘 사이에 자녀는 없었고, 갑갑한 시골 생활이 싫었던 마르탱은 홀연히 떠난다. 수년이 지나 돌아온 마르탱은 마음을 잡고 베르트랑드와 자녀를 낳고 잘 살고 있었다. 그런데 어느 날 자신이 진짜 마르탱이라는 남자가 나타난다. 사실은 먼저 돌아와 자녀를 낳고 잘 살던 사람은 아르노라는 사람으로 마르탱과 닮은 사람이었던 것이다.

그렇다면 베르트랑드가 출산한 아동은 아르노의 자녀일까 아니면 마르탱의 자녀일까. 현대 한국 민법에는 '아내가 혼인 중에 임신한 자녀는 남편의 자녀로 추정'한다고 정해두었으므로 아동의 아버지는 마르탱이 된다. 유전자 검사가 없었던 과거에는 친생추정을 통해 아버지가 누구인지 신속하게 확정하고 가족관계를 간명하게 정리했다. 즉, 아동의 신분관계를 불안정하게 방치하는 것은 아동보호에 적합하지 않으며 아동의 이익에 반한다는 취지로써, '가정의 평화' 또는 '자의 복리'를 위하여 혼인 중 출생자를 부의 친생자로 추정한 것이다.

만약 법률상 배우자가 두 사람 사이에서 출생한 아이를 두고 '내 자녀가 아니다'라고 거부한다면, 이들에게 친생추정의 원칙은 매우 부당하게 느껴질 것이다. 돌아온 마르탱이 내 자녀가 아니니 부양의무도 없고 상속하고 싶지도 않다고 주장하면 어떻게 될까.

법은 자신의 자녀(아내의 경우에는 남편의 자녀)가 아님을 알게 되면, 그때부터 2년 안에 '친생부인의 소'라는 소송을 통해서 친생추정을 뒤집을 수 있게 여지를 두었다. 일단은 출생한 아이의 현재 아버지를 남편으로 하지만, 친부가 아니라는 것을 알게 되어 그 관계를 끊고자 한다면 소송을 통해 변경할 수 있게 한 것이다. 친부가 아니라는 것을 알면서도 소송을 하지 않고 아버지와 자녀의 관계를 유지하는 선택을 할 수도 있다.

반대로 친부인 아르노의 입장에서도 유전자 검사를 통해 본인이 아버지임을 주장할 수 있을까? 아동의 어머니와 혼인하지 않은 남성이 자신을 아버지라 밝히는 것을 법

---

* 대법원 2014.12.11. 선고 2013므4591 결정 참조.

률용어로 '인지'라고 한다. 그런데 일단 친생추정되는 어머니의 남편이 있다면 친부는 자신을 아버지라고 주장할 수 없다. 한 사람의 아버지가 두 명일 수는 없기 때문이다. 반드시 마르탱이 먼저 친생부인을 통해 아버지와 자녀의 관계를 해소해야만, 비로소 아르노가 아버지임을 주장할 수 있다. 즉 아이가 어머니와 결혼한 배우자의 친생자로 추정되는 한 친부는 아버지로 인정받을 수 없다.

이처럼 아동의 부모를 간명하게 확정하고, 사후에 예외적으로만 그 관계를 정리할 수 있도록 한 것은 꽤 합리적인 것 같지만, 몇 가지 맹점들이 있다.

우선 친생추정은 여성과 남성의 혼인관계를 서로 독점하는 관계로 보고, 상호 간에 정조 의무를 다할 것을 전제한다. 그 결과, 위장결혼을 한 경우, 장기간 별거하며 이혼한 것과 다름없이 생활하는 경우, 법적인 혼인을 하지 않고 출산하는 경우 등에서는 실제 가족관계와 법적으로 인정되는 가족관계가 불일치하게 된다.

여기 이런저런 사유로 별거 이후 이혼신고까지 1년 6개월 정도의 시간이 걸린 여성이 있다고 가정해보자. 그는 별거 중에 직장에서 따뜻하고 친절한 사람을 만났는데,

그 사람을 알면 알수록 결혼에 대한 확신이 생겼다. 전 배우자와 별거하면서 집에서 나왔고, 직장 때문에 고향으로 돌아갈 수도 없었던 여성은 직장에서 만난 새로운 연인과 이혼 절차가 끝나면 혼인하기로 약속하고 동거를 시작했다. 전 배우자도 비슷한 시기에 다른 사람과 동거를 시작했다. 이들이 이혼과 결혼을 준비하는 동안 여성은 임신했고, 둘은 기쁜 마음으로 절차를 서둘렀지만, 이혼하기 전에 출산한다면 어떻게 될까. 앞서 설명한 친생추정에 따라 전 배우자가 마르탱처럼 아버지가 될 것이다. 이 경우 이 여성은 이미 훨씬 전에 사실상의 혼인 관계가 끝난 전 배우자와 이혼뿐 아니라 친생관계를 부인하는 소송을 2년 안에 해야 한다.

만일, 이혼까지 6개월 정도 걸렸고, 이혼 이후에 임신했으나 10개월이 되기 전에 조산한다면 어떻게 될까. 이혼 후 295일 만에 아동이 출생했다고 가정해보자. 민법 제844조 제3항은 "혼인관계가 종료된 날부터 300일 이내에 출생한 자녀는 혼인 중에 임신한 것으로 추정한다."라고 정하고 있다. 이는 어머니가 관공서에 이혼신고를 한 이후 300일 이내 출생한 아동은 혼인 중에 태어난 경우와 동일하게 '전 남편'이 아버지가 된다는 의미이다. 300일로 정한 이유는 임신기간이 10개월(30일*10개월)이기 때문이다. 이혼 직전에 임신했다면 늦어도 300일 안에는 출생할 것이라고 본 것이다.

 그렇다면 이 여성은 동거인 또는 남편을 아동의 아버지로 등록하기 위해 전 배우자와 다시 만나 관계를 정리해야 하는 상황에 놓이게 된다. 이미 오랫동안 각자 다른 사람과 동거했더라도, 법적인 이혼 절차가 늦어졌기 때문에 출생신고 이후에 친생부인 소송을 해야 하는 상황이 되는 것이다. 전 배우자의 입장에서는 생물학적인 관계가 없는 자녀에게 부양의무와 상속관계가 생기므로 아버지와 자녀의 관계를 신속하게 끊고자 할 수도 있지만, 실제로는 이미 관계가 파탄된 상황에서 상호 협조하에 원활하게 소송이 진행될 가능성이 높지 않다. 이혼 후에도 전 배우자의 협조적인 태도에 의존할 수밖에 없게 된다. 서로 연락이 단절되었거나 가정폭력 등으로 인해 전 배우자와 마주하기 어려운 상황이라면 사태는 더욱 심각해진다. 더불어 여성은 혼인관계 종료 전후에 다른 남성과의 관계를 가졌다는 사실을 소명해야 하는 난처한 상황에 놓이게 된다.

다행히 2018년에는 300일 이내 출생한 아동의 경우, 출생신고 전 '친생부인의 허가'를 통해 소송보다는 간이한 절차로 아버지와 자녀 관계를 해소할 수 있게 법이 개정되었다. 그러나 이 경우에도 '그냥 출생신고' 하는 것보다는 복잡할 수밖에 없고, 법률전문가의 조언이나 도움 없이 이러한 절차를 밟기는 쉽지 않다. 어쨌든 법원의 문턱을 넘어야 하고, 법원에 증명해야 할 서류를 갖춰야 한다.

그런데 왜 이혼 후 300일 이내에 출생한 경우라는 기준은 어머니가 되는 여성에게만 적용될까? 심지어 2005년 3월 31일 이전에는 출생한 아동의 아버지를 정할 때 혼선이 온다는 이유로 이혼 후 6개월간 여성의 재혼을 금지하는 규정도 있었다. 친생추정은 정조의무를 지키는 독점적인 혼인 관계를 전제하지만, 그 실질적인 결과는 여성 배우자에게만 정조를 강요하는 것은 아닌지 여전히 의문이 남는다. 한편, 위 예시에서처럼 이혼 전후에 이미 서로 정조 의무를 묻기 어려울 정도로 파탄 난 관계였다는 것을 고려하면 정조 의무를 전제로 아버지를 정하는 것이 필연적인 논리가 아닐 수도 있다.

친생추정이라는 제도는 가족관계가 자연발생적이지 않

고, 규범적인 관계임을 보여주는 것이다. 즉, 혈연관계는 생물학적으로 유전적인 관계가 아니라 법률로 정해진 관계이다. 앞서 친부인 아르노가 아닌 법률상 남편인 마르탱이 아버지로 정해지는 것도 가족관계가 법으로 정해지는 것임을 보여주는 것 아닐까? 이처럼 친생추정 제도의 입법 배경과 실제 적용 예시를 살펴보는 과정을 통해 우리는 가족이란 생물학적인 혈연관계라는 통념을 전복시킬 수 있다.

그렇다고 출생기록에 부모에 대한 정보가 없어도 괜찮다거나 아버지가 되고 싶은 사람 아무나를 아버지로 정할 수 있도록 해야 한다는 뜻은 아니다. 누군가의 출생을 기록으로 남긴다는 의미는 권리를 발생시키기 이전에 뿌리를 기록하여 정체성과 기원을 밝히는 중요한 작업으로 절대 가볍게 다룰 수 없다. 〈빨강머리 앤〉의 주인공 '앤'을 떠올려보자. 앤은 마릴라·매튜와 함께 그토록 그리던 가족을 만들었음에도, 자신의 뿌리를 확인하고픈 마음에 어떤 기록이든 남아있지 않겠냐고 하면서 고아원을 찾아간다.

친생추정은 두 얼굴을 가진다. 어떤 이에게는 보호막이 되어주지만, 어떤 이에게는 비합리적인 굴레가 될 수도 있다. 친생추정이 현실의 다양한 가족관계를 담아내지 못해 실제로 이루어져야 할 출생신고 과정을 길고 어렵게 하는 사유가 되지 않도록 보완하는 대안을 고민해야 할 이유다.

출생신고는 시민의 개별적인 기록이다

2005년 2월 3일 헌법재판소는 역사적인 결정을 내린다. 다섯 번에 걸친 공개변론 후 호주제를 위헌이라고 판단한 것이다. 현행의 가족관계등록 제도는 호주제 폐지 이후, 2008년 1월 1일부터 새롭게 시행된 것이다.

호주제는 당사자의 의사나 복리와 무관하게 남계혈통 중심의 가의 유지와 계승이라는 관념에 뿌리박은 특정한 가족관계의 형태를 일방적으로 규정·강요함으로써 개인을 가족 내에서 존엄한 인격체로 존중하는 것이 아니라 가의 유지와 계승을 위한 도구적 존재로 취급하고 있는데, 이는 혼인·가족생활을 어떻게 꾸려나갈 것인지

에 관한 개인과 가족의 자율적 결정권을 존중하라는 헌법 제36조 제1항에 부합하지 않는다.*

호적제도는 집안의 가장인 호주와 그 가족을 하나의 집단으로 기록하는 신분증명 제도였다. 호주는 주로 남성 가장이었고, 아들이 그다음의 호주가 되어 부계혈통을 이어가게 하는 제도로서 가족 내에서 성차별을 강화하는 역할을 했다. 2005년 헌법재판소의 위헌 결정으로 인해 호주제가 폐지되면서 가족관계등록제도가 도입되었다. 기존의 호적이 호주로 대표되는 가족집단을 기록하는 방식이었다면, 가족관계등록부는 개인마다 작성된다는 특징이 있다. 기본증명서라는 단독의 신분증명 문서가 만들어지는 것이다. 다시 말하자면, 개인을 중심으로 그의 부모와 배우자, 자녀를 기록하는 장부가 가족관계등록부인 것이다. 모든 국민은 누구나 동네 주민센터에 가서 가족관계증명서를 발급받을 수 있으므로 직접 확인해보면 더 쉽게 이해될 것이다.

---

* 헌재 2005.2.3. 선고 2001헌가9 등 결정, 결정요지 중.

부득이한 경우 가족관계등록부를 폐쇄하고 창설하는 예외적인 절차를 거치지 않는 한 모든 사람은 출생하는 때부터 존재하므로, 가족관계등록부가 만들어지는 첫 출발은 '출생신고'이다. 그러나 이러한 가족관계등록부를 만드는 시작점인 '출생신고'는 여전히 가족의 모습에 따라 달라지고, 어렵게 되고, 불가능해지기도 한다. 즉, 혼인 중인 부부관계에서 태어났다면 부 또는 모가 출생신고를 할 수 있지만, 그 외의 경우에는 모두 예외가 된다. 출생 당사자인 아동의 책임이 아닌 사유로 출생신고의 절차와 내용이 달라지는 것이다. 호적법이 폐지되면서 새롭게 제정된 가족관계등록법도 부모가 혼인했는지 혼인하지 않았는지를 구분하고, 등록기준지 외에 여전히 자녀의 본(성씨의 본관), 부모의 본을 쓰도록 하는 등 출생신고에 관한 요건과 절차는 거의 달라진 게 없다는 비판을 받는 이유이다.

 출생신고를 지원하다 보면 한부모 가족을 많이 만나게 된다. 한부모 가족에게 출생신고는 매우 중요하면서도 어려운 관문이다. 앞서 긴 고민을 털어놓았던 친생추정 규정으로 인해 어머니의 배우자가 혼인 중 출생한 자녀의 아버지가 되는 것과 달리, 어머니에게 법률상 배우자가 없는 혼인 외 출생 아동은 아버지가 정해지지 않고, 어머니가 출생신고를 하게 된다.

혼인 외 출생자는 아버지의 혼인 여부에 관계없이 어머니가 미혼 또는 비혼 상태에서 출산한 경우, 즉 친생추정이 적용되지 않는 경우를 말한다. 반대로 남성의 비혼/미혼/기혼 여부는 혼인 외 출생자와 혼인 중 출생자를 가르지 않는다. 여성의 혼인관계에 따라서만 아동을 혼인 외 출생자와 혼인 중 출생자로 다르게 정하여 규정한 것이다. 이는 어머니의 출산은 자연적으로 목격할 수 있는 사실이고 아버지는 법적으로 정해지기 때문이지만, 미혼모/비혼모에 대한 차별적인 시선이 존재하는 사회에서는 낙인을 남기는 구분이 된다.

이러한 구분은 사실 미혼부/비혼부에게도 불리하게 작동한다. 단독으로 아동의 출생신고를 진행하려던 어느 남성의 사례를 살펴보자. 이 남성이 만난 여성에게는 이미 법률상 배우자가 있었다. 그 배우자는 오래전에 가출하여 돌아오지 않고 있었고, 여성은 이혼을 준비하는 중이었다. 그러던 중 아동을 임신하게 되었다. 그런데 아이가 태어난 직후에 여성의 배우자가 돌아왔고, 이제부터 가정에

헌신하겠다며 여성을 설득했다. 여성은 처음에는 완강하게 거절하며 이혼을 요구했지만, 배우자의 끈질긴 설득과 한 번 더 기회를 주는 것이 좋겠다는 친구들의 조언, 충격을 받으면 쓰러질 것 같은 친정어머니의 위독한 병환 때문에 이혼은 잠시 미루기로 했다. 그리고 아동을 친부인 남성에게 맡겼고, 출생신고를 하기 전에 연락도 끊겼다.

아이의 아버지는 출생신고를 단독으로 진행할 수 있을까? 아이의 어머니가 혼인하지 않은 사람이면, 친부가 출생신고를 할 수 있다. 이러한 출생신고는 자신이 아동의 아버지라고 밝히는 '인지'와 동일한 효과가 있다. 하지만 위 사례는 앞서 본 아르노와 마르탱의 관계처럼 아동의 어머니에게 이미 법률상 배우자가 있는 경우로, 따라서 친부가 출생신고를 할 수 없다. 이때에는 어머니나 어머니의 배우자가 출생신고를 하고 이들이 친생추정을 뒤집기 위해 소송을 하여 아동의 아버지가 존재하지 않는 상황이 되어야 비로소 친부인 이 남성이 '인지'를 할 수 있다. 예외적으로 친부가 친모의 혼인 여부와 신분을 모르거나 이를 확인할 방법이 없는 경우에는 법원에서 친자관계를 확인받아 출생신고를 할 수 있다.

출생신고에서 제일 중요한 세부요건 중 하나는 평생 아동이 불리게 될 이름을 정하는 것이다. 관련하여 혼인 외 출생자의 출생신고를 하는 경우에 아버지의 인적사항을 적는 공란을 어떻게 채우는가에 대해서도 다양한 고민이 터져 나온다. 아동의 성과 본은 아버지의 것을 따르는 것이 원칙이기 때문이다. "나중에 성을 새아빠 따라 바꿀 수 있는 거죠?" "아빠 성이 기록에 아예 안 남았으면 해요."와 같은 문의도 많이 받는다. 민법 제781조는 부의 성과 본을 따르는 것을 원칙으로 하되, 혼인신고 시에 모의 성을 따르기로 협의한 경우, 부가 외국인인 경우에 모의 성과 본을 따를 수 있도록 정하고 있다.

부의 성과 본을 따른다는 것은 가부장적인 가족문화와 관련이 있고, 특히 부계혈통주의를 강화하는 역할을 한다. 아동과 모의 성본이 일치하는 경우는 특별한 경우에 한정되는데, 혼인신고 전에 협의한 경우, 부모가 동성동본인 경우, 미혼모/비혼모인 경우, 아버지가 외국인인 경우 등이 있다. 학교, 공공기관, 직장, 결혼식장 등에서 어머니와 자녀의 성본이 같을 때 불현듯 특정한 가족의 구성이나 모습을 떠올린 적이 있다면 우리의 고정관념을 성찰할 기회다. 출생신고를 하려는 부모들도 성과 본만으로 가족의 모습을 연상 또는 추론하는 것이 가능하기 때문에 아동의 성과 본을 정하는 과정부터 전형적인 가족의 외관을 가질 수 있는지 자기검열을 하며 고민하게 되는 것이다.

  부모의 혼인관계는 경우의 수가 다양하고, 그 수만큼 출생신고에 요구되는 절차와 난이도도 달라진다. 어떤 경우든 복잡한 과정 때문에 출생신고가 늦어지거나 출생신고가 안 되는 결과는 오롯이 아동에게 짐을 지운다. 가족의 모습에 따라 구분된 출생신고 과정도 아동에게 차별적인 상흔을 남긴다. 호주와 그의 가족을 기록하던 호적제도에서 개개인을 중심으로 가족이 누구인지 기록하는 가족관계등록제도로 바뀐 지 15년이 지났지만 여전히 출생신고 절차는 가족관계 안에 있다. 부모의 혼인관계에 따라 아동의 출생신고 방법을 달리하지 않고, 개별적인 시민의 뿌리를 알 권리로서 부모의 기록을 남기는 출생신고 제도는 어떤 모습이어야 할까.

한 아이를 키우려면 온 마을이 필요하다

〈응답하라 1988〉은 한 동네의 이웃들이 말 그대로 이웃사촌처럼 함께 사는 모습을 보여준다. 내가 예전에 살던 동네에서도 여름밤 동네 이웃들이 평상 하나에 모여 수박화채를 나눠 먹곤 했다. 과일가게 아저씨가 통 크게 수박 한 통을 내어놓으면 아주머니는 잠시 아까운 눈치를 보일 뿐, 곧장 다 담지 못할 정도로 이것저것 과일을 얹어주시곤 했다. 지물포 아저씨가 아끼는 술을 꺼내면 평상 위에서 왁자지껄한 잔치가 열린다. 그러다 장난감 가게 아저씨가 미용실 아주머니께 '제수씨'라고 부르면 다툼이 시작된다. 누가 더 형인가 하는 지루한 토론이 길어지면 아이들부터 하나둘 집으로 돌아갔다. 그렇게 끝나지 않은 싸움은 1년 내내 밤마다 이어진다. 많이들 예상하겠지만 이런 자리의 단골 레퍼토리는 어렸을 때 '몸이 아파서', 시골에서는 '사무소가 멀어서'와 같은 여러 이유로 출생신고를 늦게 했다는 확인할 수 없는 허풍을 토대로 흘러간다. 예전에는 정말 출생신고를 늦게 했던 것 같기도 하지만, 현재는 출생신고를 1개월 안에 하지 않으면 과태료가 부과된다. 개인의 신분과 인적사항을 담는 공적인 장부를 처음 만드는 것이 출생신고인데 이것을 허세 부리며 2~3개월 뒤로 미룬다는 건 있을 수 없는 일이다.

이런 중요한 출생신고는 아무나 할 수 없다. 가족관계등록법 제46조는 출생신고를 누가 할 수 있는지 따로 정하고 있다. 제1항은 혼인 중 출생자를 부모가 신고하도록 했고, 제2항은 혼인 외 출생자를 모가 신고하도록 하고 있다. 제3항에서는 그다음 순위로 동거하는 친족, 분만에 관여한 의사와 조산사 또는 그 밖의 사람 순서로 출생신고가 가능하다고 정했다. 그리고 제4항에서 위 신고의무자가 기간 내에 신고를 하지 아니하여 아동의 복리가 위태롭게 될 우려가 있는 경우 검사 또는 지방자치단체의 장이 출생신고를 하도록 했다.

부모에게 제일 먼저 신고의무를 지우는 것은 아동을 보호할 일차적인 책임을 그들에게 부여하는 것으로 해석할 수 있다. 이어서 친인척 등 확대가족, 출생을 목격한 동료 시민들, 국가와 지방자치단체가 함께 아동의 보호를 책임지도록 하고 있다. 이러한 당위성의 부여는 부모라면, 가족이라면, 동료라면 그리고 국가라면 당연히 아동을 보호할 것이라는 기대의 근거가 된다. 부모라면 당연히 아동의 출생신고를 하지 않겠냐는 기대가 신고의무자 규정의 입법에 다시 반영되는 것이다. 그래서 출생신고의 신고의무자 규정은 아동의 보호와 보호자의 역할에 관한 고민의 출발점이기도 하고 축소판이기도 하다.

어머니에게 배우자가 없는 상태에서 출산하여 친생추정이 적용되지 않는 경우를 혼인 외 출생이라 일컫고, 이런 경우 어머니가 출생신고를 해야 한다고 앞서 설명했다. 그리고 남성은 본인이 혼인하지 않은 여성에게서 출생한 아동과 '인지'라는 방식으로 아버지와 자녀 관계를 형성한다고도 언급했다. 그런데 각각의 조문을 살펴보면 가족관계등록법 제46조 제2항에서 미혼모/비혼모는 신고의무자이므로 신고를 '하여야 한다'라고 되어 있고, 제57조

제1항과 제2항에서 미혼부/비혼부는 출생신고에 의한 인지를 '할 수 있다'라고 되어 있다.

이처럼 출생의 기록을 남기는 작업이 누군가에게는 의무이고 누군가에게는 권한이다 보니 아동의 출생신고를 위해 기꺼이 시간을 내어 함께 노력하는 아버지를 만나면 반갑다. 요즘은 아동의 출생과 양육에 관련된 기사에서 보이지 않는 아버지의 행방과 책임을 묻는 댓글들도 보이지만, 나는 여전히 출생신고에 함께 나서는 아버지를 만나면 안도한다. 절차가 길어지면 점점 초조해지면서 그들이 끝까지 마음을 바꾸거나 포기하지 않도록 쉼 없이 격려한다. 업무상의 곤란함을 피하기 위한 목적도 크지만, 이따금 그들이 해야 할 일을 하는 것에 이다지도 감사하게 되는 이유는 무엇인지 곰곰이 내 마음을 들여다보게 된다.

출생신고가 아동을 보호할 책임의 출발점 또는 축소판이라는 점에서 공교롭게도 아동의 보호와 돌봄이 의무인 사람과 권한인 사람을 가르는 선이 출생신고가 의무인 사람과 권한인 사람을 가르는 선과 일치한다. 하나의 조문에 따라 사회가 영향을 받는다고 할 수는 없지만, 남성에겐 여전히 책임보다 권한이 강조되는 것 같아 씁쓸하다.

출생신고 제도에는 차별적인 성역할이 은연중에 스며들어 있는 것이다.

나의 부모님은 맞벌이를 했다. 초등학교 저학년 때는 방과 후에 한 동네 이모네서 시간을 보냈다. 저녁이 되면 어머니가 퇴근길에 이모집에 들러서 나를 데리고 집으로 돌아왔다. 그때는 이모네에 머무는 시간도, 어머니와 손잡고 집 앞 계단을 오르던 시간도 다 즐거웠다. 어머니도 이모도 내겐 소중한 사람이었다. 만일 한 동네에 이모가 살지 않았다면 우리 가족에게 위기가 찾아왔을지도 모른다.

실제로 이 사회에서 아이를 함께 키울 이웃과 친척이 없어 위기를 만나는 사례는 너무도 많다. 내가 만났던 한 아동의 가족은 갑작스럽게 아버지의 자리가 비면서 어머니가 돈을 버는 것과 아동을 돌보는 것 중에서 하나를 선택해야 하는 상황이 되었다. 그러나 이 아동에게는 가까운 곳에 사는 이모네가 없었다. 당장 출생신고도 해야 한다는 것을 알고는 있었지만, 너무 큰일들이 한꺼번에 몰아쳐오면 작은 언덕조차 넘어설 엄두가 나지 않는 법이다. 해야 할 일을 차례로 정리하고 움직여야 했지만, 눈앞이 막막한 상황에서 '출생신고'부터 차근차근 해나가는 계획과 실행은 대수롭지 않은 일이 될 수가 없었다. 어느 가족은 가정폭력에서 탈출한 후 숨어서 지냈는데, 출생신고를 했다가 거주 위치를 들킬까 봐 이러지도 저러지도 못하고 있었다. 또 다른 가족은 아동을 아끼며 잘 돌보는 사람들이지만 모르는 문자가 가득한 서류에 선뜻 도장을 찍지 못해서 출생신고서를 제출하지 못했다고 한다.

출생신고에 관심을 가졌던 초창기에 나는 신고의무를 이행하지 않는 부모들의 자격을 자주 의심했다. 출생신고가 절차적으로 어렵다는 것을 이해하고 난 다음, 지금은 그들도 고생하고 있다는 것을 받아들이지만, 편견이 깨끗하게 사라졌다고 말할 수 없어 여전히 부끄럽다.

출생신고 절차를 번거로워했던 가족들 중에는 위기가정*으로 분류되는 경우가 종종 있었다. 번거로운 절차 자체가 그들이 경험하는 위기이기도 했고, 그들의 위기가 곧 출생신고의 번거로움으로 드러나기도 했다. 그래서 지금의 나는 초창기와 다른 의심을 한다. 그들의 부모됨에 대

---

* 다양한 가정의 모습과 존재가 우리 사회의 위기가 아니므로, 위기상황을 맞이한 가정이라고 불러야 하나, 알려진 용어라 바꾸지는 않았다.

한 의심이 아니라 그들이 나의 짐작보다 어려운 상황을 마주하고 있을지도 모른다는 의심, 그 어려움을 함께 헤쳐나갈 사람이 주변에 없을지도 모른다는 의심이다.

물론 그러다 끝내 부모가 출생신고의 의무를 이행하지 못하는 경우가 발생할 수도 있다. 이때 그들을 비난하는 것은 아동의 출생등록 될 권리 실현에 그다지 도움이 되지 않는다. 이런 상황에서는 부모를 다그치기보다 목격자 누구든 손길을 뻗어 출생신고를 해야만 비로소 한 인간의 기본권리가 실현되는 것 아닌가. 그게 세 번째 신고의무자를 목격자로, 네 번째 신고의무자를 국가와 지방자치단체로 정한 이유일 것이다. 부모에게 책임이 있긴 하지만 부모만 책임지도록 하지는 않겠다는 것 말이다.

〈뉴스룸〉이라는 미국 드라마의 첫 장면에 이런 대사가 나온다. "우리는 가난과 싸웠지, 가난한 사람들과 싸우지 않았다." 정말 싸워야 할 대상이 무엇인지 불분명할 때 나는 이 대사를 주문처럼 되새김해본다. "우리는 그 가족이 마주한 위기와 싸워야 한다. 그 위기가족과 싸우지 않아야 한다."

4장 # 진실된 출생기록과 부모를 알 권리

왜 굳이 부모를 알아야 하지?

 원고를 준비하면서 주변 사람들에게 '부모를 알 권리'에 대해 들어본 적 있는지 물어보았다. 대개 '부모를 알 권리'가 무엇인지 잘 모르겠다고 했고, 많은 경우 그런 말을 처음 들어보았다고 대답했다. 친구 중의 한 명은 내가 '부모를 알 권리'에 대한 글을 쓰고 있다고 이야기했더니, '왜 굳이 친생부모를 알아야 하나?'라는 질문을 역으로 돌려주었다. 나는 곧바로 대답하지 못했다.

 그만큼 '부모를 알 권리'는 매우 생소하다. 사실 모르는 것이 더 당연하다고 느껴질 만큼 일상에서 이야기되거나 사회적 이슈로서 크게 다뤄진 적도 없다. 아동 권리, 청소년 권리라고 한다면 교육, 안전한 주거와 환경, 보육, 취약

계층 아동에 대한 지원, 아동학대 예방 및 구제와 같은 구체적인 장면들이 주로 떠오른다. '부모를 알 권리' 같은 이슈를 떠올리기는 쉽지 않다.

어떻게 보면 '부모를 알 권리'라는 말은 마치 친생부모의 정보를 알아야만 한 개인으로서 온전해질 수 있다는 압박으로 다가올 수도 있고, 당연히 '부'와 '모'로 이루어진 가족이 존재해야 한다는 억압으로 다가올 수도 있다. 좀 더 나아가서는 '혈연, 핏줄'이라는 것이 중요하다고 강요되는 사회, 꼭 생물학적인 부모를 알고 그 부모와 같이 살아야 하는 것이 정상적으로 여겨지는 사회, 그리고 그렇지 않은 가족 구성 형태에 대해 편견이 가득한 이 사회에서 '부모를 알 권리'라는 말은 누군가의 존재를 부정하거나 불필요한 권리처럼 여겨지는 것 같기도 하다.

그런데 이처럼 암묵적으로 강제된 생각들에 아동 당사자의 입장은 없는 것 같다. 이제는 아동이 아니지만, 부모를 알 권리를 박탈당한 채 성장한 입양인들의 목소리도 빠져 있다. 대체로 기성세대에서 기득권을 점유한 어른들로부터 주입된 고정관념에 가깝다. 어쩌면 우리는 혈연관계를 중요시하는 사회, 정상가족 이데올로기에 사로잡힌 사회, 입양인은 사회적 낙인으로 힘들어할 것이라고 예단하는 사회를 살아가고 있는 아동 아닌 사람의 관점에서 '부모를 알 권리'를 생각했던 것이 아닐까. 그 결과, '부모를 알 권리'를 단지 '기존의 혈연 중심의 가족 구성원에 편입되기 위한 정보를 알기 위한 권리' 정도로 납작하게 이해하게 된 것은 아닐까.

권리의 실질은 '청구'에 있다. 내 삶에 있어 필요로 하는 것을 의무이행자에게 요구하는 개념이다. 아동권리의 의무이행자는 아동을 둘러싼 부모, 지역사회 구성원(교사, 이웃 등), 국가를 아우른다. 즉, 아동의 '부모를 알 권리'라는 것은, 부모를 알 수 없게 된 이들이 침해당한 권리를 회복하고, 자신의 부모를 알 수 있도록 제대로 된 제도를 마련해달라고 청구할 수 있는 권리를 뜻한다. 모든 아동에겐 자신이 태어난 가정에서 자라날 권리가 있다. 따라서 부모를 알 권리란 삶의 필요충분조건으로서 존중되어야 마땅하며, 출생등록은 그 기록에 대한 책무를 국가의 의무로 명시하는 권리이다.

한편, '부모의 정보를 알면 아동이 행복해질까?'라는 질문을 받았을 때, 이에 답하기는 그리 쉽지 않다. 더욱이 입양이나 기아 성본 창설* 등으로 새로운 가족관계를 형성한 경우나 혈연으로 이어지지 않은 가족과 같이 다양한 형태의 가족공동체를 더 존중해야 한다는 논의에 동의할수록 부모를 알 권리는 이러한 흐름에서 동떨어진 것처럼 느껴지기도 한다.

혹자는 '대관절 무슨 권리가 침해되었기에?' '어떤 부당한 결과가 있기에?' 하면서 부모를 알 권리를 박탈당한 상황을 아리송하게 생각할지도 모른다. 우리 대부분은 너무도 당연하게 나의 부모를 '알고' 있기 때문이다. 어쩌면 그래서, 우리 사회는 개인의 인생에서 잊힌 어느 기간의 공백이 주는 정체성의 불안함과 실질적인 인권 침해를 너무도 쉽게 간과하고 있는 것 아닐까?

부모를 알 권리는 단지 친생부모가 누구인지 아는 것 이상으로 많은 내용을 요구하는 개념이다. 부모를 알 권리는 아동의 수많은 권리와 끈끈하게 연결되어 구현된다. 아동권리협약 제7조가 출생 즉시 등록될 권리와 더불어 '모든

---

*   부모를 알 수 없어 새롭게 성과 본을 만들고 가족관계등록부를 창설하는 것을 말한다. 기아로 출생신고 된 경우에는 법률적으로 부모가 존재하지 않는 자가 되는 것이다.

아동은 이름과 국적을 가질 권리가 있고, 부모가 누구인지 알고, 부모로부터 양육 받을 권리가 있다'고 길게 열거한 이유이다. 국가는 아동의 출생등록에 따른 시민적 권리 보장의 전제로서 부모의 인적사항을 제대로 기록할 의무가 있으며, 이는 부모가 양육하는 원가정에서 자라날 아동의 권리를 보장한다는 과정적 의미도 있다. 여기에는 부모가 아동을 키울 수 있게끔 적절하게 지원할 공적 의무도 포함된다. 즉, 아동에게 있어 부모를 알 권리란 단순히 부모의 이름이나 신원에 대한 정보 획득에 국한되지 않는다. 아동을 중심에 둔 부모를 알 권리란, '나에 대한 기록을 알 권리'라고 말할 수도 있겠다. 다만, 출생등록에서 시작되는 그 권리의 실현은 아동 스스로 충족할 수 없기에, 온전히 부모와 국가의 역할로 남겨져 있다.

어쩌면 우리에게 '부모를 알 권리'라는 개념이 이토록 낯선 이유는, 더 나아가 여기에 관심을 두지 않는 이유는 '부모를 모를 리 없다'는 통념을 전제하기 때문이 아닐까? 혹은, '알아서 좋을 것 없는 부모상'이라는 편견이 의식의 저편에 자리잡고 있기 때문은 아닐까? 부모를 알 권리의 '부모'는 알아도 좋을 부모와 같은 조건이나 제한을 두고 있지 않다. 그저 제대로 된 정보를 말할 뿐이다. 그간 우리 사회가 아동의 부모를 알 권리를 어떻게 제대로 지키고 노력했는지 돌이켜보는 것은 출생등록의 의미를 더욱 명확하게 인식하는 기회가 될 것이다.

나는 사랑받으면서
버려진 아이일 거예요

"나는 사랑받으면서 버려진 아이일 거예요. 내 부모님은 서로 진심으로 사랑해서 내가 태어났는데, 다만 어쩔 수 없는 사정이 생겨서 시설에 맡길 수밖에 없었을 거예요. 그리고 내가 안전하게 성장할 수 있도록 시설에 두고 간 거예요."[*]

시설보호아동과 관련된 활동을 하는 변호사가 만난 청소년 S가 한 이야기이다. S는 부모의 존재를 알 수 없는 기아였다. 살고 있던 아동복지시설에서 성본을 창설하여 출

---

* 위 대사는 제1장(정체성의 보존과 뿌리를 알 권리) A의 이야기와 다양한 입양인 당사자, 시설 아동의 인터뷰 내용을 각색하여 만들었다.

생신고가 되었고, 크고 작은 문제들로 인해 소년재판을 받게 되면서 변호사를 만나게 된 것이다. 그런데 S는 어떤 경위로 '나는 사랑받으면서 버려진 아이'라고 생각하게 되었을까? 기억도 잘 나지 않는 본인의 출생 순간에 대한 공백을 상상으로 채워 넣게 되었을까?

사실 S의 이야기는 특별하지 않다. 아동보호시설의 담당자, 관련 연구자, 활동가, 입양 가족단체, 단체 활동가, 기아인 당사자, 입양인 당사자 등을 통해서도 존재의 근원에 대한 궁금증을, 그 빈 곳을 채우고자 하는 이야기를 어렵지 않게 들을 수 있다.

어떤 이들은 그것이 현재에 충분한 사랑을 받지 못하거나 입양인 혹은 기아라는 사회적 낙인으로 인해 그 자체로 온전한 삶을 존중받지 못하는 탓이라고 이야기한다. 한편에서는 입양인에 대한 많은 인터뷰나 입양가족에 대한 인식개선을 위한 다양한 콘텐츠들이 '입양인의 양육과정에서 가족 구성원과 주양육자로부터 충분한 애정과 돌봄을 받으면 실제로 그 개인에게는 아무런 결핍이 없을 것'이라는 메시지를 던지기도 한다. 현재의 가족공동체에서 내가 온전해질 수 있다면, 친생부모나 원가족에 대한 것들은 크게 중요하지 않을 수 있다는 의미다.

정말 그럴까? 현재 생활의 만족도가 높다고 해서 내 삶의 시작점을 무시할 수 있을까? 결코 그렇지 않다. 입양되거나 시설에 보호된 이후에 온전한 개인으로 살아갈 수 있게끔 지지하는 보호자와 사회환경의 역할과 별개로 '친부모를 알고 싶은 욕구'는 각 개인 안에 엄연히 존재하는 실체이다. 여기서 '알고 싶다'는 마음은 다양한 형태로 나타난다. 친부모를 실제로 만나고 싶어 하는 이도 있고, 친부모와 만나고 싶진 않지만 그들이 누구인지는 알고 싶어 하는 이도 있고, 혹은 입양된 경위가 알고 싶다고 말했던 이도 있다. 본인의 출생이나 입양의 경위를 전혀 알 수 없는 이들은, 그 공백에 대한 불안과 공허함을 항상 지고 살고 있다고 고백하기도 하였다.

출생의 기록이 사라진 공백은 비단 정보를 모른다는 데 그치지 않는다. 내가 어떤 상황에서 출생하였는지, 내가 누군가에게 버려진 존재는 아닐지, 출생 당시부터 환영받지 못한 존재였는지, 혹시 지나가는 저 사람이 나의 친생부모가 아닐지 같은 영원히 해결될 수 없는 존재론적 고민의 굴레에서 벗어날 수 없음을 의미한다.

『가족의 온도』를 쓴 입양부모는 "입양인의 가족으로서 입양인이 겪는 자신의 정체성에 대한 고민을 함께하고 그 감정과 내용을 마주하는 작업이 오히려 그 개인의 성장과 존재에 더 도움이 된다"고 이야기하였다. 부모를 알 권리를 보장받는다는 것은 실질적으로 '나 자신을 있는 그대로 이해하고 나를 긍정하고 받아들이는 작업'과 긴밀하게 연결되어 있다는 뜻이다. 부모를 알 권리는 내 부모가 누구인지 아는 것에서 나아가 내가 지금의 나로 정체화되는 모든 과정(출생, 보호, 입양, 그리고 살아온 모든 시간)을 아는 것을 포함하기 때문이다.

지금껏 아동의 권리는 결과만으로 평가되어왔다. 마치 사후약방문(死後藥方文)처럼 이슈가 불거져야만 그 필요가 결정되곤 했다. 갓 태어난 순간부터 어른으로 성장해가는 전 과정을 통틀어 그들의 권리가 어떻게 존중되어야 하는지, 어떤 식으로 보장받아야 하는지를 제대로 논의하고 검토한 적은 사실상 없었다고 감히 말하고 싶다. 부모를 알 권리에 대해서도 아동은 배제되었다. 모든 논의가 당사

---

*   이설아 지음, 『가족의 온도』, 생각비행, 2019.

자 아닌 어른의 시각으로 '너를 위해서'라는 미명하에 이루어졌다. 그 결과는 부모를 알 권리를 빼앗긴 아동과 아동이었던 이들에게 오롯이 남겨져 있다.

부모를 알 권리와 연결되는
아동의 권리들

 외국 국적의 여성 X는 처음에는 외국인 노동자 비자로 한국에 입국하여 일하다가 영주권을 취득한 후 귀화 신청을 하게 되어 한국 국적을 취득했다. 그 후, X는 이전 국적의 남성 Y를 만나 교제를 시작하였고, 둘은 혼인을 하지 않은 상태에서 혼외 자녀인 M을 낳았다. 그러나 X는 혼외 자녀를 낳았다는 사실을 알리고 싶지 않아 출생신고를 거부하였고 M을 Y에게 맡긴 채 사라져버렸다.

 당시에는 미혼부의 출생신고 규정이 개정되기 전이었

---

* 2015년 신설된 가족관계등록법 제57조 제2항은 미혼부의 혼외자 출생신고를 용이하게 하기 위해 마련되었는데, 법원이 미혼부가 "모의 성명·등록기준지 및 주민등록번호를 알 수 없는 경우"에만 가정법원의 확인을 받아 자녀의 출생신고

기에 M의 친모인 X의 정보를 알고 있는 Y는 M의 출생신고를 할 수 없었다. M의 친생모인 X가 한국 국적자였지만, X가 출생신고에 협조하지 않는 상황에서 M은 외국 국적이자 미혼부인 Y의 자녀로만 여겨졌던 것이다. 가능한 방법은 Y가 본국 대사관에서 M의 출생신고를 하고, X를 대상으로 인지청구의 소송을 제기하는 길뿐이었다. 그러나 이 경우 짧아야 6개월, 대개는 1년 이상의 긴 시간이 소요된다는 어려움이 있었다. 당시 법률적인 안내를 받을 수도 없었고, 비용을 지불할 능력도 없었던 Y는 M을 키우기 위해 수년간 한국에서 막노동 등의 일을 하다가 결국 미등록 체류가 되었고 그 자녀인 M 또한 덩달아 미등록 체류 상태가 되었다.

다행히 Y는 보편적출생신고네트워크 법률지원단의 도움을 받아 X를 상대로 'X가 M의 친모라는 것을 인정하도

를 할 수 있도록 제한적으로 허용함으로써, 그 실효성이 크지 않다는 지적이 있어 왔고, 이와 관련하여 2020년 6월 대법원은 제57조 제2항에 기재된 요건은 예시적인 것에 불과하므로 친모의 모든 정보 중 일부를 모르거나, 친모가 출생신고에 협조하지 않을 때에도 미혼부가 출생신고를 할 수 있는 것으로 확대 해석하는 것이 옳다는 판시를 판시하였다(대법원 2020. 6. 8.자 2020스575 결정). 이를 계기로 2021. 3. 16. 가족관계등록법이 개정되어, 친모의 모든 정보 중 일부를 모르거나 친모가 출생신고에 협조하지 않을 때도 미혼부 출생신고가 가능하도록 바뀌었다.

록 청구하는' 인지청구의 소를 제기할 수 있었다. 수년의 시간이 흘러 마침내 M은 X의 자녀라는 것을 인정받을 수 있었고, 그에 따라 M은 한국 국적을 취득하고 주민등록도 할 수 있게 되었다. 학교는 물론 의료보험 혜택도 받게 되었다.

여성 A는 외국에서 한국으로 온 유학생이었다. A는 한국인 남성 K와 교제하였고, 그 관계에서 B가 태어났다. 처음에 K는 B에 대한 출생신고도 약속하였고 A의 양육에도 적극적인 의지를 보였다. 그러나 시간이 지날수록 연락을 잘 안 받고, B를 양육하기 위한 비용도 분담하지 않았다. A는 양육비를 마련하기 위해 추가적인 아르바이트를 계속할 수밖에 없었다. 출생신고가 안 된 B는 미등록 체류 상황이다. 한편, A의 국적국은 미혼모가 출생신고를 할 수 없다고 규정하여, A는 본국에서도 B의 출생등록을 할 수 없었다.

현재 A는 임신과 출산으로 유학생 비자가 아닌 임시비자를 발급받게 되었다. 임시비자는 특별히 인도적인 사유(임신 및 출산)가 있을 때만 임시적으로 주는 비자로서, 유학생 비자처럼 한국에 장기간 머물 수 없다. 또한, 비자가 발급된 사유가 종료(임신 및 출산의 종료)되면, 본국으로 돌아가야 한다. 현재 A는 B의 친부인 K를 상대로 인지청구의 소를 제기하였고, 보편적출생신고네트워크 법률지원단에서 이를 지원하고 있다.

위 두 사례는 부모를 알 권리가 제대로 보장되지 않은 경우이다. "부모를 모른다니? 누군지 알잖아?"라고 말할지도 모르겠다. 물론, 친자관계를 과학적으로 입증할 수 있는 친부모가 누구인지 알 수는 있다. 그러나 이를 증명할 수 있는, 인정받을 수 있는 서류는 존재하지 않는다. M과 B는 친모와 친부의 관계를 법적으로 확인받지 못했다. 그 결과, 둘은 모두 미등록 체류자, 미등록 이주아동으로 살아갈 수밖에 없었다. 국적법이 정하는 한국인이지만, 사회가 제공하는 기본적인 복지제도에서 배제되었다. 부모의 본국에서도 국민으로 인정받지 못하는데 부모의 나라로 출국당할 위험까지 고스란히 안고 살아가고 있다.

여러 사례에서 확인할 수 있는 것처럼, 부모를 안다는 것은 단순히 '누가 부모인가'라는 사실 체크 외에 출생자의 법률적인 지위와 신분 관계를 확인하는 것까지 포함한다. 즉 부모를 알 권리는 일상생활의 많은 법률관계와도 관련이 있다는 뜻이다. 출생과 관련된 일련의 기록은 가정환경을 박탈당한 아동이 자신의 친부모를 찾고자 하는 경우는 물론, 예상치 못한 법률문제가 발생하였을 때 나의 자취를 정확히 추적하여 해결할 수 있는 최소한의 실마리가 된다. 실제로 보편적출생신고네트워크가 지원한 사례 중에는, 부모가 허위로 혼인신고를 한 결과, 훗날 가족관계등록부가 폐쇄되면서 국적과 주민등록이 한 번에 사라진 외국 국적 아동도 있었다. 출생신고의 전제는 부모의 법률상 혼인관계인데, 그 혼인이 거짓이었으니 출생신고도 무효라는 것이다. 당시 법원은 친부모의 국적국에서 출생신고를 하여 법률관계를 정리하라고 하였지만, 허위로 혼인신고 했을 당시의 관련 서류나 기록들을 제대로 확인할 수 없었고, 설상가상으로 아동의 친부모도 사망한 터라 그 이력을 추적할 방도가 없었다.

부모를 알 권리가 박탈된 경우, 상속에 대한 권리도 송두리째 잃어버릴 수 있다. 사회에서 안전하게 보호받을 권리와도 연결된다. '부모를 알 권리? 부모 모른다고 뭐 큰일

있겠어'라는 무책임한 생각이 위험한 이유다. 아동의 부모가 누구인지, 어떤 경위로 태어났는지 알 수 없다면, 그 아동은 소재조차 파악하기 어려워지고, 공적 개입은 '우연'이 아닌 한 사실상 불가능하기 때문이다. 더욱이 이 문제는 아동의 생명과 건강 같은 매우 중요한 이슈와 떼려야 뗄 수 없는 관련이 있다. 아동에게 위중한 유전병이 있거나, 혹은 출생한 이후 공적으로 보호되기까지의 의료정보기록이 필요할 경우, 그 이력을 추적하는 것이 대상자인 아동·청소년에게는 매우 중대한 일이기 때문이다. 즉, 출생신고를 통해 부모에 대한 정보 및 아동의 출생 경위를 정확히 기록하는 것은, 일차적 부양의무자에게 모든 책임을 귀속시키려는 것이 아니라 아동의 복리를 위한 사회적 책무를 다하기 위해 필수적이기 때문이다. 그래서 강조하고 또 강조하는 것이다.

아동의 부모를 알 권리는
부모의 사생활 보호와 충돌하지 않는다

 부모를 알 권리를 이야기하다 보면, "부모의 사생활 보호도 중요하다"는 주장이 종종 제기된다. 그러나 흑백논리를 전제하는 이 논의는 문제의 본질을 가린다. 마치 부모를 알 권리를 옹호하는 것이 임신·출산으로 위기에 처한 이들의 절박한 상황과 대치되는 것처럼 보이게 하기 때문이다.

 우선하여 강조하지만, 모든 인권은 상호 간에 충돌하는 관계가 결코 아니다. 샌드라 프레드먼(Sandra Fredman)은 권리·의무의 관계에서 필연적으로 수반되는 돌봄(caring)의 가치는 선택의 문제가 아니라 '책임의 문제'라고 강조했다. 인권은 선택만을 소중히 여기는 게 아니라 사람들 간의 관계 역시 소중히 여기기 때문이다. 그렇게 서로를 지탱하는 인권이기에 타인의 존엄과 그들에 대한 존중을 보장해줄 의무, 그리고 책임과 돌봄을 증진하고 촉진할 의무가 생긴다고 설명하였다. 돌봄행위는 개인이 자기 충족을 추구하는 과정에서 선택했기 때문에 의미 있는 것이 아니라, 돌봄행위 자체가 꼭 필요하고 중요한 사회적 활동이어서 소중한 것이다. 인권의 전제로서 '사회에 뿌리내리고 사는 인간의 존재'라는 개념을 이해한다면, 타인의 권리 보장이 결코 자신의 자유를 일부 포기하는 것이 아님을 알 수 있다.

즉, 아동에게 있어 출생의 정보가 보존되고 이에 접근할 권리는 임신과 출산, 양육에 이르는 일련의 과정을 여러 가지 이유로 감당하기 어려운 부모들의 각종 권리를 침해하는 것이 아니다. 부모가 될 사람이거나 부모가 된 사람의 권리를 침해하는 것은 도리어 제도권 밖에 있는 부모들을 차별적 시각으로 처우하는 배타적인 사회 구성원이

---

*   샌드라 프레드먼 지음, 조효제 옮김, 『인권의 대전환: 인권 공화국을 위한 법과 국가의 역할』 교양인, 2009.

며, 그들이 자녀를 기꺼이 양육할 수 있도록 지원하지 않는 법과 제도이다. '아이를 낳고 키우는 사실' 외에 그 가족이 처한 별다른 사정을 비난하는 행위가 사생활의 침해이다.

아동의 권리 보장은 이분법적으로 나뉘는 권리, 즉 아동의 권리냐 부모의 권리냐와 같은 선택적 포기를 강요하는 결과로 대체되지 않아야 한다. 모든 부모는, 특히 임신과 출산을 직접적으로 감당하는 여성은 자녀에게 자신의 기록을 남길 책임과 함께 그 자녀의 존재로 인해 피해를 입지 않을 권리가 있다. 국가는 예상되는 피해를 예방함으로써 부모의 책임이 제대로 이행되도록 책임을 져야 한다. 단지 부모가 누구인지 모르게 하는 것은 결코 인권증진의 수단이 아니며, 국가 스스로 권리의 단절을 초래하는 미봉책에 불과하다. 아동의 출생 전 과정을 지지하는 것은 곧 부모의 권리를 보장하는 것이다.

그러나 최근 정부는 의료기관이 아동의 출생정보를 지방자치단체에 알리는 출생통보제가 도입되면, 보호출산제가 필요하다는 입장을 거듭 밝히고 있다. 보호출산제란 모(母)가 일정한 상담을 요건으로 자신의 신원을 '익명'으로 하여 출산하도록 하는 제도로, 소위 '익명출산제'를 말한다. 국회에도 두 개의 익명출산 관련 법안(김미애 의원 대표발의(의안번호 2105963), 조오섭 의원 대표발의(의안번호 2110394))이 발의되어 있다. 본인의 출산 사실을 알리고 싶어 하지 않는 위기 임산부가 출생신고를 하지 않은 채 아이를 유기하기 때문에, 신원을 숨긴 채 출생신고를 할 수 있는 제도를 만들면 아이를 보호할 수 있다는 것이다.

그러나 익명출산제는 이미 그 출발부터 차별을 정당화한다. 첫째, 남성과 혼인한 안정적인 상황에서 임신하여 출산하지 않았다면, 그 아이를 유기할 것이라 전제했기 때문이다. 부모를 영아유기의 잠재적 범죄자로 보는 것이다. 둘째, 대부분의 위기부모는 아이 양육을 포기할 것이라는 통념이 문제다. 여기엔 돌봄에 대한 시민적 권리와 사회적 의무가 끼어들 여지가 없다. 아니, 고려조차 하지 않았다. 셋째, 제대로 된 부모 밑에서 태어나지 않은 아동은 친부모를 모르는 것이 더 나을 것이라고 함부로 말하는 시각들이다. 편견으로 가득한 이런 관점은 아동의 입장을 무례하게 대변한다.

김보영은 "30대 기혼 여성은 왜 청년 정책의 대상이 아니라 보육 정책의 대상으로만 생각되는가? 빈곤한 상황에 놓인 여성이 모텔에서 출산을 하다 사망한 사건은 왜 빈곤한 청년의 죽음으로 다뤄지지 않는가?"라고 질문하였다. 담론은 사회를 투영하는 대중의 인식을 보여주는데, 결혼한 여성과 미혼모/비혼모를 바라보는 분화된 시각은 여성이 처한 구조적 차별을 여실히 드러낸다. 익명출산제도 마찬가지다. 익명출산제는 제도 너머에 완전하게 감춰지는 남성의 존재 외에, 엄마는 물론 아이도 보호하지 못한다. 철저하게 기득권 세력 중심의 이기적이고 반인권적인 제도일 따름이다.

---

*   김보영, 『여성들의 말하기와 '젠더갈등': 페미니스트 활동가 인터뷰집 「스스로 해일이 된 여자들」을 중심으로』, 2019 비판사회학회 춘계학술대회 발표집, 2019.

부모가 안 하는데, 굳이 출생신고를 해야 하나요?

 출생신고가 안 된 C의 엄마는 미혼모라고 했다. 엄마가 출생신고를 하기 어려워 못 했다면서, 꼭 다시 데리러 올 테니 잠깐만 맡아달라고 부탁하였다고 했다. 그렇게 1년이 지나고, 또 1년 반이 지나갔다.

 보편적출생신고네트워크 법률지원단에서 상담을 진행한 이 사안에서, 아이를 보호하고 있던 시설은 처음에 엄마의 인적사항을 드러내지 않고 출생신고를 할 수는 없는지 물어보았다. 그렇게는 할 수 없다고 답변하자, 시설 담당자는 그렇다면 어떻게 출생신고를 할 수 있는지 물었다. 다행히 C의 친모와는 연락도 되고, 시설이 C의 출생증명서도 확보해둔 상태였다. 검사에게 아동학대로 고발하는 방식으로 강제할 수도 있겠지만, 최대한 C의 친엄마가 직접 출생신고를 하도록 설득하는 방안을 권유하였다.

며칠 지나 시설에서 다시 연락이 왔다. 시설은 여러 번 출생신고를 설득하였지만, 엄마가 완강하게 거부하였다고 했다. 그렇다고 차마 C의 엄마를 고발하기도 어렵다고 했다. 어느덧 C는 출생신고도 안 된 채 만 두 살이 되어가고 있었다. 시설 담당자는 성·본을 창설하여 출생신고를 할 수 없는지 물어보았다. 이전에 유기된 아이들에 대한 성·본창설 절차를 진행해보았기 때문에, 혹시 C도 그렇게는 할 수 없는지 묻는 것이었다.

성·본창설은 말 그대로 개인의 성과 본을 새롭게 만드는 절차이다. 부모를 알 수 없는 기아(棄兒)는 그 부모의 성과 본을 따를 수 없으므로 가족관계등록에 필요한 성과 본을 만들게 되는 것이다. 따라서 성·본창설은 부모를 알 수 없는 아동에게 적용되는 예외적인 절차이다. 하지만 현실에서는 부모가 누구인지 알 수 있는 때에도 성·본을 창설하는 아동들이 존재한다.

보편적출생신고네트워크는 2021년 초 전국의 아동양육시설을 대상으로 출생미등록 아동 실태조사를 진행하면서, 필요한 경우 출생등록에 대한 법률지원을 제공하였다. 조사 결과, 매해 약 70~80명의 아동이 출생신고 안 된 채 시설에 보호되고 있음을 알 수 있었고, 조사 당시까지도 출생등록이 안 된 아동이 약 20%에 이른다는 것을 확인할 수 있었다.

여기서 짚고 싶은 문제는 출생등록에 이르는 방법이다. 부모를 알 수 있으므로 가급적 부모가 출생신고를 하도록 설득 중이라는 경우도 적지 않았고, 베이비박스에 유기된 사정 등으로 성·본창설을 진행 중인 경우도 상당히 많았다. 외국인이어서 국내에서 출생신고를 할 수 없는 사례도 있었다. 그리고 부모를 알고 있음에도, 그 사실을 감추고 기아로 출생신고하려는 시설도 있었다. C도 그중 한 사례이다.

성·본창설을 하는 순간, C는 평생 부모를 알 수 없는 존재가 된다. C의 존재를 증명하는 서류에는 부모의 정보가 없기 때문이다. 친생모가 누군지 알 수 있음에도 부모의 존재가 지워진 삶을 살게 된다. 소위 '아동보호'를 명목으로 출생의 정보를 조작하는 것이다. 이에 부모의 신원이 다 확인되는 상황에서 성·본창설은 할 수 없다고 안내했다. 그랬더니 시설 담당자는 아이 엄마가 양육 의지도 없는데, 굳이 엄마의 자식으로 출생신고를 할 필요가 있느냐고 물었다. 머리가 복잡한 중에, 정확히 뭐라고 답했는지는 기억나지 않는다. 대충 얼버무렸던 것 같다. 그래도 아동의 입장에서 친생모의 존재를 지워서는 안 되며, 혹시 엄마의 존재를 감추고 굳이 성·본창설을 진행할 계획이라면, 그에 대한 지원은 어렵다고 답변한 채 개입을 종료하였다.

아마도 C는 지금쯤 성·본창설 허가를 받아 출생등록이 되었을 것이고, 그 시설에서 계속 지내고 있을 것이다. 사실 부모를 알 수 있는 사실을 숨기고 성·본을 창설한다 하여도, 이를 제재하거나 처벌하는 규정은 존재하지 않는다. 기아라는 사실을 확인하기 위해 수사기관을 통해 관련 자료를 살펴보긴 하지만, 사실 시설만 연락되는 부모의 존재를 숨기려고 하면 못 할 일도 아니기 때문이다. 심지어 부모의 이름과 연락처가 있는 아이여서 일곱 살이 될 때까지 기아 출생신고를 못 했는데, 그때까지 부모가 출생신고를 하지 않은 상황에서 초등학교 입학을 앞두고 있으니 법원이 부득이하게 성·본창설을 허가해줬다는 사례도 들었다.

출생등록이 되어야 한다는 이유로, 모두가 공모하여 부모의 기록을 지운 셈이다.

    언젠가 어떤 시설장이 물었다. "이렇게 성·본을 창설하는 게 애나 엄마 모두를 위하는 길인 게 정말 맞을까?" 오로지 아동을 중심으로 설계되지 않은 출생등록 제도는 형식적 결과를 위해 출생등록에 대한 본질적 권리를 침해하는 결과로 나타난다.

출생등록에 대한 권리의 주체는 아동

 그간 우리 사회는 오로지 성인 중심으로 운용되었다. 출생신고며 가족관계등록 제도도 마찬가지다. 그 누구도 아동에게 부모를 알 권리를 포기할 것인지, 부모의 정보와 출생의 기록을 삭제해도 괜찮은지 물어보지 않았다. 그 결과, 당사자는 현재의 상황과 미래를 오롯이 홀로 감당해야 하는 처지에 놓였다. 그런데도 성인 중심의 우리 사회는 그저 '내가 보기에 괜찮으니 넌 괜찮은 것'이라고 쉽게 말한다.

 과연 누가 '몰라도 될 부모'이고 어떤 사람이 '알 필요 없는 부모'일까? 사회가 이렇게 판단하는 기준은 무엇일까, 그런 권리가 있기나 하는 것일까? 앞서 거듭 강조한 것처럼, 부모를 아는 것은 인간의 근본적 욕구이며 기본적 권리이다. 권리란 지켜져야 하는 것이고, 사회가 함께 존중해야 하는 것이다. 그런데, 어떤 이의 경우엔 '그 권리를 가지는 게 도리어 불행할 수도 있으니 내가 미리 빼앗아줄게' 하는 식의 접근이라니, 매우 이상하고 낯설고 불편하기 짝이 없다. 권리는 인간으로서 온전히 존중받는 삶을 누리기 위한 힘이 되는 것이지, 권리 자체가 개인의 행복과 불행을 결정하지는 않는다. 무엇보다 그 행복과 불행은 당사자에게 있다. 타인이 판단하고 결정할 수 없다.

그런데도 우리는 유독 아동에게만, 행복과 불행을 예단하고 강요한다. 불행을 예방한다는 명목으로 권리를 빼앗는 행위도 너무 쉽게 한다. 아동의 목소리가 들리기 어려운 구조적 현실에서, 아동의 권리는 대수롭지 않게 치부되는 현실이다.

우리는 누구나 환대를 통해 사회 안에 들어가며, 비로소 사람이 된다. 사람이 된다는 것은 자리와 장소를 갖는 것이다. 김현경은 절대적 환대가 타자의 영토에 유폐되어 자신의 존재를 부인당한 사람들에게 도움의 손길을 뻗치는 일, 그들을 인지하고 인정하는 일, 그들에게 절대적으로 자리를 주는 일, 즉 무차별적이고 무조건적으로 사회 안에 빼앗길 수 없는 자리/장소를 마련해주는 일이라고 했다. 우리에게는 그러한 환대가 필요하며 또 가능하다고 말할 수 있다고 하였다. 즉, 환대란 공공성을 창출하는 것이며, 자유로운 인간들의 공동체라는 현대적 이상은 이러한 공공의 노력을 통해 실현된다고 하였다.

세상에 갓 태어난 아동의 존재를 환대하는 마음도 다르지 않다. 아동에게 기꺼이 그들의 자리를 내어주고 지켜주는 일, 아동이 존재한 그 상황을 그대로 인정하고 권리를 존중하는 일, 출생등록에서 시작되는 아동의 생을 환대하는 노력은 모두의 권리를 보장하고 높여가는 출발점이다. 그 절대적인 환대에서 아동이 소외당하는 일이 없도록 노력할 때, 비로소 우리는 서로의 사람 자격을 부정하지 않는 평등한 사회로 나아갈 수 있다. 자신이 누구인지 말할 수 있는 사람은 자신뿐이기 때문이다.

---

* 김현경 지음, 『사람, 장소, 환대』, 문학과지성사, 2015.

5장

베이비박스, 거짓된 출생기록

한국에서 출생신고는 대수로운 일이 아니다

출생신고 경험자로서 나의 기억을 떠올려본다.

우선 나는 진짜 출산예정일에 출산할 거라고는 전혀 생각지도 않았다. 그냥 바빠서 마지막 정기검진일에 병원에 못 갔고, 그래서 오후 일정에 앞서 시간이 비어있던 예정일 오전에 검진하러 갔을 뿐인데, 병원에서는 자궁문이 꽤 열렸다며 당장 (유도)분만을 하자고 했다. 의사가 말하는 대로 해야 할 것 같아서 아무런 준비가 안 된 상태에서 아이를 낳게 되었고, 게다가 진통 중 태아의 심장박동수가 급격히 떨어져 예상치 않게 제왕절개까지 하게 되는 바람에 4박 5일이나 병원에 있었다.

어쨌거나 아이가 태어난 것이다. 아이를 낳은 직후, 나에게 가장 시급한 일은 출생신고였다. 활동가의 사명감과 이 세상에 태어난 한 아이의 삶을 지켜야 할 첫 번째이자 사회 공동의 보호자라는 막중한 책임감 아래 하루라도 빨리 출생신고를 하고 싶었다. 그동안 법과 정책, 제도와 서류로만 읽고 학습했던 그 출생신고를 직접 진행해보고, 좀 더 현실적인 문제를 인식하고 싶기도 했다. 그러다 보니 '의료기관이 발급하는 아이의 출생증명서'는 언제 주는 것인지 입원하는 내내 궁금했는데, 진료비 수납 후 퇴원할 때 받았다. 그러니까 출생신고를 할 때 꼭 필요한 출생증명서는 아이의 출생 후 3일 또는 5일(보통 자연분만은 2박 3일, 제왕절개 분만은 4박 5일을 입원한다고 한다) 뒤에나 받을 수 있는 것이다. 미리 달라고 요구해서 입원 중에 받을 수 있는지는 모르겠지만, 회복기에 있는 산모나 간병하느라 바쁜 보호자에게 그럴 정신이 있을까 싶으며, 출생신고에 의료기관이 날인한 출생증명서가 꼭 필요하다는 사실을 아는 사람이 얼마나 될지도 의심스럽다.

또 하나, 아는 만큼 보이고 이용할 수 있다며, 출생증명서를 받아든 나는 자연스럽게 온라인 출생신고를 할 테니 개인정보동의 서류를 안내해달라고 병원에 요청했다. 그런데 실망스럽게도 내가 이용했던 의료기관은 당시 온라인 출생신고 참여병원이 아니었다. 그 지역에서 상당히 유명하고 규모도 꽤 큰 병원이었기에, 설마 온라인 출생신고 참여병원이 아닐 것이라고는 생각지도 못했다.* 어째서 온라인 출생신고라는 멋진 시스템을 만들어놓고, 병원의 자발적인 참여를 요건으로 한 것인지 이해할 수 없었다.

온라인 출생신고를 할 수 없으니, 구청이나 주민센터에 직접 가서 출생신고를 해야 했다. 나의 경우, 주민등록지와 꽤 거리가 있는 다른 지역에 소재한 병원을 이용하고 산후조리원을 예약한 터라, 산후조리원에서 아이를 봐주는 동안 다녀오겠다는 계획으로 가까운 거리의 구청 위치까지 파악해 두었다.** 그런데 코로나19 바이러스라는 감

---

* 나는 2020년 6월에 아이를 출산하였는데, 2020년 3월 20일 기준 온라인 출생신고를 할 수 있는 의료기관과 조산원은 전국에 121개였다(법원행정처 보도자료(2020.04.24.)). "대법원 법원행정처, 비대면 온라인 출생신고 서비스 참여 의료기관 조산원으로 확대 실시(2020.3.19.)" 참조). 이 글을 작성하며 찾아본 결과, 경기도에 소재한 해당 병원에서도 2021년부터 온라인 출생신고가 가능한 것으로 확인되었다. 2021년 2월 기준, 대법원 전자가족관계등록시스템에서 확인 가능한 온라인 출생신고 참여 의료기관은 총 203개다.
** 출생신고는 주민등록지 관할 사무소(주민센터, 행정복지센터 등)에서 하거나, 가족관계등록사무를 위임받은 시(구)·읍·면 사무소에서 해야 한다.

염병 확산이 한창이던 2020년 중순, 산후조리원은 면회, 외출 전면 금지를 원칙으로 운영되고 있었다. 결국 산후조리원에 있는 동안 나는 출생신고를 할 수 없는 처지였다. 사실 외출 금지규정이 아니었어도 출산 며칠 뒤의 외출은 내가 마음먹는다고 해서 가능해지는 문제가 아니었다. 병원에서 퇴원하긴 했지만, 계속 젖이 차오르는 유방의 변화를 포함해 산후의 몸 상태는 확실히 휴식이 필요한 상태이긴 했다.

한편, 나는 산후조리원의 편안함보다 친구는 물론 가족 면회도 불가한 채 사실상 감금된 상황을 견딜 수 없는 성향의 사람이었다. 조리원에서 필수 양육기술(수유, 기저귀 갈기, 신생아 목욕, 속싸개 두르기 등)과 육아물품에 대한 최소한의 정보를 습득한 뒤, 환불은 안 된다는 비용손해를 감수하고 아이와 함께 집으로 조기 귀환했다. 그렇게 집에 귀가한 날은 금요일 오후. 동거인이자 아이의 아빠인 사람과 함께 갖가지 새로운 짐들을 정리하며 새로운 가족과 함께 살 준비를 하다 보니 금요일이 끝났고, 주말에는 관공서를 열지 않으니 월요일이 되기를 기다려야 했다. 다행히 월요일부터 산후도우미 방문이 예정되어 있었고, 비로소 나는 출생신고를 하기 위해 당시 주거지에서 도보 20분 거리에 있는 주민센터로 달려갈 수 있었다.

하지만 출생신고도 순조롭지는 않았다. 내 이름과 아이의 이름, 한글 이름이 아니라면 그 이름의 한자, 그리고 출생연월일시와 출생장소 같은 것만 알면 되는 게 아니었다. 배우자는 물론 나의 본관이 어디이며 한자로는 어떻게 쓰는지, 등록기준지는 어디인지, 또 배우자 이름의 한자까지, 일상에 특별히 필요하지 않으니 기억하지 않고 살았던 정보가 요구되었다. 그간 일하면서 숱하게 출생신고서 서식을 봐왔음에도, 출생신고서 작성에 필요한 정보의 항목은 내 머릿속에 남아있지 않았다. 출생신고서를 앞에 두고 당황한 엄마에게 주민센터의 가족관계등록 담당 공무원은 신고서에 써야 할 정보를 검색하여 써서 건네주었다.

---

* 엄마의 성을 따를지, 아빠의 성을 따를지는 혼인신고서를 제출할 때 결정해야 한다. 나의 경우, 배우자가 시청에 혼인신고서를 제출하러 다녀왔는데, 그는 특별히 '성·본 협의'에 관한 항목을 눈여겨보지 않았다고 한다. 사실 법 규정을 알고 있던 나의 경우에도, 혼인신고 할 때부터 특별히 계획하고 있지 않던 출산과 자녀 계획과 관련해 아이의 성을 어떻게 할 것인지는 생각지 못했다. 임신 사실을 깨닫고, 아이의 이름을 어떻게 지을지 고민하는 내내 예외 의사를 밝히지 않는 한 당연히 아빠의 성씨를 따라야 한다는 사실이 굉장히 불만이긴 했지만, 일단은 단념했음을 고백한다. 대신 아이의 이름은 아빠의 성씨를 따랐다는 점에 특별한 의미를 두지 않길 바라며, 아빠의 첫 글자와 엄마의 마지막 글자를 이었다. 성별이 드러나지 않는 이름이라는 점이 좋기도 했다.

나는 그 정보를 베껴 쓴 뒤에야 무사히 출생신고를 할 수 있었다. 아이가 태어난 때로부터 19일이 되는 날, 비로소 한 사람의 출생등록이 이루어진 것이다.

물론 나와 함께 사는 아동은 혼인 중 출생자이므로 아빠가 출생신고를 할 수 있기는 했다. 혼인신고를 완료한 나의 법률상 배우자가 출생신고서를 작성하고 출생증명서를 제출하는 것으로 자녀의 출생신고를 마칠 수 있었다. 내가 직접 출생신고를 하겠다는 욕심과 호기심만 아니었다면, 출생증명서를 받아들자마자 주민센터든 구청이든 얼른 다녀오라고 요청했을 터이다. 그러면 아직 아이의 이름을 짓지 못했거나, 공휴일이 끼어있다는 사정이 없는 한, 최소한 아이의 출생 후 3일쯤 되는 날에는 출생신고를 할 수 있었을 것이다. 다만, 그에게는 아이의 출생신고가 그리 서두를 일로 여겨지지 않았던 터다. 1개월 내에만 하면 된다면서 왜 그렇게 빨리 출생신고를 못 해서 안달인지 의아해했다. 출생신고는 언제든 하면 될 일이라고 생각한 탓일까. 관공서 업무시간에 맞춰 자신의 직업 활동을 조정해야 할 만큼 우선시할 일은 아니었던 것 같다. 2018년 온라인 출생신고제가 시행된다는 보도자료를 보고 어떻게 작동되는지 궁금하여 행정안전부 담당과에 전화로 문의했던 적이 있는데, 이런저런 질문과 답변이 오가던 중 출생신고는 부모의 의무가 아니라고 말했던 담당자의 발언도 비슷한 관점에서 나오지 않았을까.

한국에서 아동의 출생신고는 정말 당연하게 여겨지고 있는지 질문하고 싶다. 누구나 아무런 어려움 없이 출생이 신고되고 있다고 생각하는지 묻고 싶다. 단연코 그렇지 않다. 나는 이성(異性)의 배우자와 혼인하고 아이를 출산한 사람으로, 현행법이 상정하고 있는 가족의 모습을 갖추고 있다. 그럼에도 출생신고는 현실적으로 아이가 태어난 때로부터 최소한 며칠이 지난 뒤에야 할 수 있었다. 만약 병원이나 조산원에서 아이가 태어나지 않았다면? 출생증명서를 대신할 서류를 직접 준비해야 한다. 심지어 분만 현장에 아무도 없이 홀로 아이를 출산하였다면, 법원이 아이의 출생을 확인해주어야 비로소 출생신고를 할 수 있다. 법원의 확인을 받으려면 대개 친자관계 증명을 위한 유전자 검사를 거쳐야 하는데, 시료채취와 검사 결과까지도 대략 10여 일이 필요하다.

미혼모라면? 여전히 우리 사회는 미혼모에 대한 편견과

차별이 존재하는데, 그 결과 적지 않은 미혼모가 출산 전후 과정에서 가족 등 인적관계가 단절되는 경우가 많다. 모든 서류가 준비된 경우에도, 태어난 지 1개월 이내의 신생아를 돌봐줄 누군가가 없다면 출생신고를 하러 다녀오기 쉽지 않을 것이다. (사)한국미혼모가족협회가 미스맘마미아 카페를 통해 실시한 출생신고 관련 설문조사에 참여한 66명의 답변을 분석한 결과, "출산 후 30일 내로 주민센터를 방문하기가 어려웠다"는 응답은 50.0%에 달했다. 더욱이 가족관계등록 담당 공무원한테 아빠 없이는 출생신고를 할 수 없다는 이야기를 들었다는 사례도 보고되었으니, 출생신고를 하러 가는 결단이 어찌 두렵지 않을까.

미혼부/비혼부는 원칙적으로 자녀의 출생신고를 할 수 없다. 엄마가 출생신고를 안 하거나 못 하는 예외적인 사정이 인정되어야, 비로소 법원의 확인을 받아 출생신고를 할 수 있다. 예외를 인정받기 위해 거쳐야 하는 절차, 법원을 다녀와야 하는 부담감, 모두 아이를 출생신고하고 양

---

* 김미진, 「양육미혼모 당사자 사례조사의 주요 결과」, 양육미혼모의 출생신고 경험을 통해 본 보편적 출생등록 제도의 필요성과 의미 자료집, 2022.02.18.

육하고자 하는 아빠가 감내해야 할 어려운 과제이다.

   혼인 외 출생자로 태어났는데, 엄마에게 법률상 배우자가 있다면? 부모가 외국인이라면? 한국에서 "태어난 직후 출생등록" 되어야 할 아동의 권리를 실현하는 것은 당연하지 않다. 지금의 이 출생신고 제도는 결코 모든 아동의 권리보장이라는 관점에 맞지 않는다. 그저 부모 등에게 출생신고를 하라는 의무만 부여하고, 신고에 기초하여 통계를 생산하는 수단에 중점을 두고 있다. 출생이 신고되지 않은 아동을 어떻게 확인하고 등록할 것인지, 출생신고가 어렵거나 곤란한 보호자들을 어떻게 지원하고 위로하며 함께 살아가도록 응원할 것인지에 대한 질문을 외면하고 있다.

어른의, 어른에 의한, 어른을 위한 공간, 베이비박스

2021년, 미신고아동시설에 아이를 맡긴 엄마가 있었다. 아이의 엄마, 아빠는 결혼을 한 것은 아니었지만 이후 생활이 안정되면 함께 살아갈 계획을 세우고 있었고, 아이의 출생신고도 하고자 했다. 하지만 걸림돌이 너무 많았다. 우선 아이가 병원에서 태어나지 않았다. 갑자기 양수가 터지며 엄마는 자택에서 홀로 아이를 출산하였다. 엄마는 갓 태어난 아이의 체온을 보전하려 수건으로 돌돌 감싼 뒤 자신의 배 위에 올려놓았고, 출혈로 어지러운 몸을 침대에 기대어 몇 시간을 보냈다. 그러다 119를 불렀고, 다행히 탯줄과 태반 처리 등 사후관리는 병원의 도움을 받았다. 하지만 의료기관이 발급하는 출생증명서는 받을 수 없었다. 병원에서 '분만'을 하지 않았다는 이유였다. 또 다른 걸림돌은 아이의 출생일이었다. 아이는 열 달을 다 채우지 못하고 미숙아로 태어났다. 아이의 생일은 엄마가 전남편과 이혼한 이후 300일이 지나기 전이었다. 현행 민법에 따라 이혼 후 300일이 지나기 전에 태어난 아이는 전남편의 자녀로 추정된다. 즉, 엄마가 출생신고를 하면 아이는 이혼한 남편의 자녀로 가족관계등록부가 만들어지는 것이다. 아이 엄마는 전남편의 폭력을 피해 집을 나올 수밖에 없었고, 긴 시간 따로 살다가 어렵게 이혼한 상황이었다. 전남편과 관계될 수 있는 모든 일은 피하고 싶었고, 당연히 피해야 했다.

"그럼 아이의 출생신고는 어떻게 할 수 있지?"

두 손 놓고 있던 것은 아니다. 법률사무소에 상담을 받아보니, 친자관계를 정리하는 소송에 몇백만 원이 필요하다고 했다. 비용을 마련하려면 일을 해야 했다. 그동안 아이를 돌봐줄 곳이 필요했다. 인터넷에 '아이를 돌봐주는 곳'을 찾아보니 베이비박스가 검색되었다고 했다. 신생아를 안고, 지하철과 버스를 두어 시간 타고 서울시 관악구에 있다는 베이비박스를 찾아갔다.

엄마와 아빠는 아이를 철제박스에 내려놓지 않았다. 사정을 설명하며 몇 주만 아이를 돌봐줄 수 있을지 물었다. 그런데 베이비박스는 출생신고가 된 아동만 지원한다고 했다. 그러면서 출생미신고 아이들을 돌봐주는 곳으로 서울 어느 곳에 있는 미신고아동시설을 소개해주었다. 그때부터 아이는 시설에서 지내게 되었고, 엄마는 일주일에 두어 번 아이가 있는 곳에 방문하며 이산가족 생활을 했다.

 이 글을 쓰고 있는 현재, 아이의 출생신고는 완료되었다. 보편적출생신고네트워크 법률지원단에서 조력했고, 아이는 법원에 출생을 확인받는 것부터 시작하여 약 3개월이 지나 출생신고를 할 수 있었다. 아이가 세상에 태어나고 약 8개월이 지난 시점이었다.

 길게 풀어놓은 이 사례에서 함께 짚어보고 싶은 점은 베이비박스의 의미이다. 아이의 엄마, 아빠는 도움의 손길이 필요했다. 그런데 왜 주민센터나 행정복지센터가 아니라, 구청이나 시청이 아니라, 베이비박스를 찾아갔을까? "검색하면 가장 먼저 나오는 곳"이 베이비박스였다는 엄마의 설명에 식은땀이 났다. 아이의 탄생을 마주하며 두렵고, 무섭고, 외롭고, 불안하고, 혼란스러운 그 상황에서 도움을 구할 수 있는 1순위가 베이비박스로 여겨지는 것이다. 의지할 가족, 신뢰할 수 있는 공적 자원보다, 민간이 운영하는 특정 시설이 '도와주는 곳'으로 인식되고 있었다. 우리 사회의 높은 차별과 편견의 벽이 보이는 것만 같았다.

한편, 베이비박스는 출생신고가 안 된 아이는 지원할 수 없다고 했다는데, 이는 '아기의 생명을 살리기 위해' 만들었다는 베이비박스의 목적과 모순된다. 출생의 등록은 공공의 신원확인을 통해 각종 사회보장서비스에서 누락되지 않고 보호받기 위해 필수적이지만, 권리의 내용과 보장은 출생등록 여부와 무관하게 지켜져야 한다. 누군가의 권리를 보호하고 존중하는 것은 국가는 물론, 공동체 구성원 모두의 책임이다. 베이비박스가 '피치 못할 사정으로 유기될 위험에 처한 아기의 생명을 보호'하는 것을 목적으로 한다면, 출생신고 여부와 관계없이 가능한 범위에서 아이를 보호할 방법을 찾아야 하지 않을까? 출생등록은 반드시 보장되어야 할 권리이지만, 출생등록이 되기 전의 아동도 출생등록을 포함해 모든 인권을 존중받아야 하기 때문이다. 출생등록이 될 권리를 명시한 아동권리협약

제7조도 제2항에서 '특히 무국적 아동의 권리 이행'을 규정하였다. 즉, 공익적 소명을 띄고 아동복지 활동을 하고 있다면, 보호가 필요한 아동을 보호해야 할 지방자치단체에 필요한 지원이 가능하도록 연계해야 한다. 그것이 공공의 역할을 조력하고, 감시하는 민간기구의 역할이다. 그런데 베이비박스는 도움을 받을 수 있는 공적 기관을 안내하지도 않았고, 오히려 현행법상 불법인 미신고아동시설을 소개한 것이다. 분명 현행법엔 많은 한계가 있다. 그러나 헌법과 법률은 생명의 존엄성을 존중하는 방향으로 해석되고 실천되어야 하며, 그렇다면 법 밖의 세계에서 아이를 보호하겠다는 의사는 굉장히 주관적이고 이기적이라는 비판을 가할 수밖에 없다.

또 하나, 베이비박스는 아이가 베이비박스에 놓이는 즉시 벨소리를 듣고 근무자가 나가보기 때문에 대부분 부모를 확인할 수 있고, 이들 부모가 가능한 한 아이를 양육하도록 상담도 제공한다고 밝힌다. 부모를 보지 못한 경우에도, 작은 정보지만 쪽지가 남겨지곤 한다는 이야기가 언론에 보도되곤 한다. 종종 CCTV를 통해 유기된 아동의 부모를 찾았다는 수사기관의 발표를 고려해보면, 베이비박스를 거쳐 간 아이들 중 부모를 찾을 수 없거나 연락할 수 없는 경우는 거의 없을 것이라 추측할 수 있다. 냉정하게 말하면, 베이비박스는 부모가 아이를 포기하는 결정에 일조한다. 베이비박스 운영 측의 상담을 통해 다시 아이를 데려간다는 소수의 예외적인 경우를 제외하면, '잘 돌봐줄 것'이라는 선의에 기대 부모가 자신의 존재를 감추는 것이다. 그곳에 남겨진 아이는 출생의 뿌리가 잘린 채, 완전히 새로운 정체성을 덧씌우며 커갈 수밖에 없다. 본래의 배경색을 모르니, 갖추고 싶은 색상을 찾아가는 길은 더욱 어려울 것이다. 더욱이 대부분 대규모 집단생활시설로 보내지는 터라 부모를 잃은 애정의 결핍을 좀처럼 채우기도 어렵다.[*]

베이비박스의 연원[**]은 중세 유럽의 수도원이나 수녀원

---

[*] 2019년 11월 발표된 감사원의 「보호대상아동 지원실태」에 대한 감사보고서에 따르면, 2014년부터 2018년까지 베이비박스에 유기된 962명의 아동 중 96.6%(929명)가 임시보호되다가 아동양육시설 등 시설로 보호조치되었고, 입양과 가정위탁 등 가정보호로 조치된 아동은 3.4%(33명)에 불과했다. 아동복지시설로 보호조치된 베이비박스 유기아동 중 차후에 가정보호로 변경된 아동은 입양 111명, 가정위탁 17명으로 총 128명(13.8%)에 불과했고, 대부분은 그대로 아동복지시설에 머무르는 것으로 확인되었다.

[**] 김형모. (2017). 베이비박스의 실태와 대안. 동광, 112, 2-34; 현소혜·임정민·안소영. (2017). 아동유기 예방 및 보호를 위한 법·제도 개선연구. 2017년도 보건복지부 연구용역보고서.

이 담장에 설치한 '아기상자'로 전해진다. 외부에서 아기를 상자에 놓고 종을 울리면, 내부에서 사람이 나와 아기상자를 회전시켜 아기를 받는 형태이다. 가톨릭 국가에서 미혼모에 의한 영아살해와 유기를 막기 위해 설치했으며, 1780년경 프랑스에는 약 250여 개의 아기상자가 있었다고 한다. 현재 익명출산제가 시행되는 프랑스에서는 베이비박스가 더는 존재하지 않는다고 보고된다. 반면, 개신교 국가인 독일은 부모의 의무와 자녀의 혈통을 알 권리를 매우 중요하게 여기는 문화로서, 프랑스와 같은 익명출산제가 존재하지 않았다. 다만, 낙태죄를 허용하지 않는 형법 개정과 함께 승인된 절차에 따라 상담을 거치더라도 임신의 지속과 출산을 권유하는 방향으로 이루어짐에 따라 원치 않은 출산을 선택하는 경우가 많았고, 이에 익명인도, 익명출산, 그리고 베이비박스가 시작되었다. 그러나 2009년 독일윤리위원회는 익명출산이나 익명인도, 베이비박스 등은 영아살해나 영아유기의 숫자를 감소시키는 데 직접적인 효과가 없을 뿐만 아니라, 아동의 알 권리를 박탈하며, 심리적 어려움을 겪게 되는 엄마를 위해서도 바람직하지는 않다는 취지로 베이비박스, 익명인도·익명출산을 모두 중지하도록 연방정부에 권고하였다. 그 외에도 체코, 네덜란드, 오스트리아, 헝가리 등에서 베이비박스가 운영되고 있으며, 유엔 아동권리위원회는 아동의 권리 침해를 거듭 확인하며 제도 개선을 권고하고 있다.

우리나라와 마찬가지로 전 세계 베이비박스의 시작은 아동보호에 목적을 두고 있다. 그러나 본질은 미혼모에 대한 낙인, 여성에 대한 폭력, 아동에 대한 차별과 편견의 대물림이라는 점에서 같다. 프랑스가 익명출산 제도를 도입한 배경에는 제2차 세계대전 당시 독일군의 아이를 출산한 여성을 보호하려는 목적도 있었다. 베이비박스의 아동 유기는 결국 국가가 보호하지 못한 여성과 아동의 권리 침해를 보여주는 것이다. 그 본질을 제대로 포착하고, 완전히 새로운 패러다임의 전환이 필요하다.

베이비박스가 정녕 아이의 생명을, 온전한 삶의 기반을 지키고자 한다면, 부모가 아이를 키우는 방법을 최우선으로 찾고, 양육이 어려운 상황이라면 공적 자원을 연계하여 아이와의 관계가 단절되지 않도록 지원하는 방법을 찾아야 하지 않을까? 엄마, 아빠가 함께 아이를 안고 베이비박스를 찾았던 그 순간, 출생미신고 아동을 지원하지 않는다고 했던 답변이 갖는 이면의 의미를 의심할 수밖에 없는 이유이다. 베이비박스는 아이를 위해 만들어지지 않았다. 어른의, 어른에 의한, 어른을 위한 공간이다.

앞서 뿌리 없는 나무의 고단함을 이야기한 B를 떠올려 주길 바란다. 본래의 정체성을 지키는 일은 처음 부모된 이들이 해야 할 의무이지만, 그 의무를 다할 수 있도록 제도를 갖추고 지원하는 것은 국가의 책무이다. 왜 베이비박스를 찾아갔느냐 묻기 전에, 어떤 어려움이 있는지 먼저 들여다보고 법·제도의 장벽을 허물지 못한 사회의 무관심에 비판의 잣대를 세워야 한다. 가족과 친구, 이웃의 따뜻함이 살아있도록 기반을 정비하지 못한 사회에서 아이를 보호해야 할 부모가 존중받지 못했고, 그것이 곧 아이의 생명을 위태롭게 할 수 있음을 모두가 함께 자각해야 한다. 설령 베이비박스가 아이의 생명을 살렸다 하더라도, 온전히 기댈 수 있는 누군가를 찾으려는 쓸쓸한 방황을 긴 시간 거쳐야 할 그이의 미래를 짐작한다면, 출생 직후의 시간을 보호하는 것이야말로 가장 먼저 해야 할 일임을 알아야 한다. 그러한 노력이 계속될 때, 미혼모에 대한 편견, 혼외자에 대한 차별이 사라질 수 있고, 가족관계에 앞서 아이의 존재성을 중심에 둔 출생등록 제도로 개선될 수 있다고 말하고 싶다.

출생등록은 상호신뢰에 기반한 사회가 연대하는 의식이다

영화 〈브로커〉가 칸 영화제에 초청되었다고 한다. 베이비박스에서 만난 이들이 함께하는 특별한 여정을 그렸다고 하는데, 영화를 보고 싶은 마음만큼이나 베이비박스가 어떻게 그려졌을지 우려되는 마음이 크다. 베이비박스는 아이를 살리는 생명의 상자라는 프레임, 그 시각은 아이의 시선이 아니다. 철체박스에 놓인 아이의 몸이 느끼는 것은 온기가 아니라 냉기이다.

경찰 관계자는 4일 "베이비박스에 유기하는 부모들을 전부 추적해 검거해버리면 향후 그런 부모들은 경찰을 피해 결국 길에다 아기를 버리게 될지도 모른다"며 "영

아 유기의 사각지대가 더 넓어질 수 있어서 피의자가 특정되지 않는 한 경찰이 먼저 나서서 수사하지는 않는다"고 말했다. 하지만 친모의 인적사항을 알게 되는 경우는 예외다. 혐의가 뚜렷한 상황에서 친모의 인적사항이 특정되면 수사기관이 사건을 외면할 수 없는 상황이 되기 때문이다. (…중략…) 2020년 베이비박스에 영아를 유기한 친부에 대해 법원은 징역 6개월에 집행유예 1년을 선고한 것 역시 정상참작이 된 경우다. 당시 재판부는 "피고인이 무책임하게도 자신의 자녀를 유기해 영아의 생명, 신체에 위험을 초래하는 행동을 해 죄질이 가볍지 않다"면서도 "도움의 손길이 닿는 곳에 영아를 유기해 결과적으로는 다행히도 짧은 시간 내에 아기가 구조됐다"고 양형 이유를 설명했다. 판사가 언급한 '도움의 손길이 닿는 곳'이 바로 베이비박스였다.*

어느 날 미혼모를 지원하는 단체 활동가는 아이를 베

---

*   http://news.kmib.co.kr/article/view.asp?arcid=0924226010&code=11131100&stg=ws_real
〈국민일보〉, "보호인가 유기인가… 또 시작된 베이비박스 딜레마", 2022.01.05.

이비박스에 보내려는 상담전화를 받았다고 한다. 아이를 위해, 엄마를 위해, 출생신고를 하고 양육 및 생활지원이 가능한 방법을 안내하였지만, 설득이 쉽지 않았다고 했다. 활동가는 긴 통화를 이어가는 내내 화가 났다며, 솔직히 베이비박스에 가는 엄마도 영아유기죄로 처벌하고, 현실의 적지 않은 사례에서 존재가 감춰진 아빠도 찾아내서 공범으로 처벌하고, 그 과정에 아이를 직접 키우도록 교육하고 부득이한 경우 대안적 보호방안을 찾는 게 맞지 않을까 생각했다고 한숨을 쉬며 토로했다. 맞다. 베이비박스는 엄연히 「아동복지법」이 형사처벌 행위로 정하는 불법 미신고아동시설이고, 베이비박스에 아이를 보내는 행위는 영아유기이며, 아동학대로 처벌받는다.

한 엄마는 베이비박스에 갓 태어난 아이를 맡기면서 3년 뒤에 꼭 찾으러 오겠다고 약속했다. 엄마의 이름과 연락처, 아이의 이름도 남겨뒀다. 하지만 엄마는 3년 뒤 아이를 찾기 위해 경찰서에 가야 했다. 자신이 3년 전, 아이를 베이비박스에 유기했다고 자수했다.

베이비박스는 '임시보호소'라는 명목으로, 공공의 보호가 필요한 아이들이 잠시 머무르는 형태로 운영된다. 베이비박스를 통해 '부모가 없는 아이가 있다'고 경찰에 신고되고, 일시보호시설을 거쳐 아동양육시설이나 공동생활가정(그룹홈), 또는 위탁가정으로 가거나 입양되는 것이다. 즉, 베이비박스는 아이가 어디로 가는지 추적할 수 없다. 아동의 개인정보를 보호, 관리할 책임이 없는 민간, 사설기관이기 때문이다. 아이의 성도, 이름도 엄마의 메모와 다르게 가족관계등록부가 작성되었는데, 베이비박스가 최초에 받아둔 출생의 기록이 아동보호체계에서 적절히 관리되지 않음을 추측할 수 있다. 베이비박스는 보호자가 없는 무연고 아동을 경찰에 신고하는 것이니, 부모의 정보를 알릴 수 없을 것이다. 아이가 간직할 수 있도록 알려준다고 해도 부모를 찾기 어렵도록 최소한의 정보만 전하고 있지는 않을까. 출생의 근원이 제대로 기록되어야 할 출생등록의 길목을 막거나 좁히는 데 베이비박스도 일정한 역할을 하고 있다.

한 이주여성은 본국에 있는 자녀들의 양육비를 벌고자, 단기비자로 한국에 체류하며 갖가지 아르바이트를 겸했다. 그러던 어느 날 임신을 했다. 아이 아빠의 연락처나 만날 방법은 전혀 모르는 상황이었다. 엄마는 임신 중기 즈

음 미혼모자가족복지시설에 상담을 받았고, "아이가 태어나면 베이비박스에 보내겠다"는 의사를 여러 차례 밝혔다. 시설 관계자가 설득해보았지만, 의사는 확고했다고 한다. 하지만 엄마는 아이를 베이비박스에 보내지 않았다. 아이와 함께 있는 시간이 엄마의 마음을 바꿨던 것 같다. 한동안 미혼모자가족복지시설에서 생활하면서 아이를 직접 키웠다. 그러다 서울에서 경상도로 일을 하러 떠났다. 갓 태어난 아이 돌봄에도, 본국의 남매들 양육에도 필요한 돈을 벌어야 했기 때문이다. 엄마는 아이를 24시간 어린이집에 맡겼다. 당연히 어린이집 비용은 유료다. 그러다 불의의 사고로 세상을 떠났다. 엄마가 사망한 뒤에야 한국에서 연고 없는 아이로 공적 보호가 시작된 이 아이는 다행히 출생증명서 등을 갖춰 엄마의 나라에 출생등록을 할 수 있었다. 한국에는 엄마의 국적국 대사관이 없어서 가장 가까운 북경의 대사관으로 아이의 신원확인에 필요한 서류들(의료기관이 발급한 아이의 출생증명서, 보호시설의 관할 지자체장이 날인한 아이의 특종신고 수리증명서, 의료기관이 발급한 엄마의 사망증명서)을 보냈는데, 이틀인가 지나 출생등록이 되었다는 소식을 메일로 받았다. 아이는 지금은 할아버지와 함께 본국으로 돌아갔다. 베이비박스에 가지 않은 엄마의 선택에 감사하며, 베이비박스로 향하는 선택지가 처음부터 없었으면 어땠을지 상상해보면 좋겠다.

  몇 년 전 아동양육시설에 아동권리교육을 하러 다녀온 적이 있는데, 이날은 초등학교 1~3학년 나이대의 아이들이 참여하는 날이었다. 모둠별로 아동권리협약의 조항을 그림과 함께 쉽게 풀어 쓴 카드를 읽어보며 권리의 내용을 이야기하는 활동 중의 일이다. 교육에 참여한 한 아이가 "어, 부모를 알 권리가 내 권리였어? 나 권리 침해당하고 있어"라며, 협약 제7조 카드를 들어올렸다. 그때 그 아이가 어떤 경위로 시설에서 생활하게 되었는지는 모르겠다. 다만, 분명한 건 부모를 정말 알 수 없었거나 알고 있더라도 아이에겐 알려주지 않았다는 사실이다. 부모를 모를 때에도 과연 우리나라 아동복지체계에 관계한 모든 공공기관이 최선을 다해 찾아보았고, 그렇지만 실패했다고 진심을 담아 말할 수 있을까. 베이비박스가 공공연하게 아동보호시설로 일컬어지며 묵인되고 있는 현실을 보건대 그렇지는 않았을 것 같다. 아이가 알고자 하는 "나의 역사"

를 지워버린 데에는 비단 떠나간 부모뿐만 아니라 '그런 건 각 가정의 일'이라며 사실상 나 몰라라, 하는 입장을 견지한 채 아동을 방치한 국가의 책임도 크다.

사회학자인 피터 버거와 토마스 루크만은 부모가 우는 아기를 달랠 때 쓰는 문장을 빌려, 아동기의 세계는 "모든 것이 괜찮다"고 신뢰할 수 있는 규범적 구조를 주입할 수 있도록 구성된다고 말했다. 그때의 따뜻한 기억이 있기에, 전혀 편안하지 않은 곳에서도 "고향세계"에서 얻은 힘으로 지낼 수 있다는 설명을 덧붙인다. 일차적 사회화는 그만큼 한 사람의 생애에 특별히 중요하다. 그렇다면, 아이들이 안전하고 안정적으로 사회화할 수 있도록 조력하는 것이야말로 주요한 아동보호 정책의 근간이 되어야 하지 않을까? 출생등록은 아동이 시민성을 획득하는 표식이고, 시민성을 발현하는 필수요건이다. 따라서 반드시 모든 아동에게 보장되어야 한다.

하지만 한국의 출생등록 제도는 좁은 범위에서만 허용

---

* 피터 L. 버거, 토마스 루크만 지음, 하홍규 옮김, 『실재의 사회적 구성』, 문학과지성사, 2014.

된다. 제한적인 요건을 제대로 갖추지 못하면, 출생등록으로 향하는 길이 험난하다. 완전히 불가능한 때도 있다. 시민성을 증명할 수 없는 아이를 키우려는 부모의 어려운 결심이 쉽사리 휘청일 수 있게 한몫한다. 상당수 대중은 현행법에 부응하듯, 성인 남녀가 혼인하여 출산한 경우에만 출생신고를 할 수 있을 것으로 으레 짐작한다. 그러나 어떤 이들에겐 출생신고가 어려운 '시도'일 수 있다. 편견의 테두리 밖에 있다는 이유로 이미 팍팍한 삶이 더욱더 모질어지는 경험을 하게 된다. 그런 측면에서 출생신고를 하겠다는 결단은 개인적 차원을 넘어 공동체 구성원으로 기꺼이 책무를 다하겠다는 마땅한 시민의식이다. 내 아이로 출생신고를 한다는 것은, 부모됨을 스스로 확인하고 상기하는 일종의 의식이고, 자녀를 지키기 위한 그다음 발걸음을 내딛을 수 있는 시작점이다. 이들의 결단을, 행동을 뒷받침하는 제도가 갖춰지지 않은 현실은 아이의 유기 가능성을 높이는 데 일조할 뿐이다.

"네가 어떻게 아이를 키워?"

부모를 위하고, 아이를 위한다는 베이비박스의 이기적인 유혹은 마땅히 주어져야 할 아동기의 안온한 시간을 더 쉽게 빼앗고, 평생에 걸쳐 쓸쓸함을 키우게 한다. 이미 우리는 지난 10여 년간 베이비박스를 통해 아동생활시설에 배치된 천 명이 넘는 아이들의 심리적 내상과 정서적 불안함을 목격하고 있다. "나는 어디에서 왔는지, 어떻게 시작되었는지" 알 수 없고, 누구도 알려주지 않는다는 것은 삶을 흔들리게 할 충분한 이유이다. 훨씬 더 세차게 흔들릴 이들의 미래를, 우리 사회는 어떻게 지탱하고, 반성으로 갚을 것인가. 모두를 위한 나라에 아이들의 목소리가 들리지 않았던 결과를 이제 우리 모두 함께 감당해야 할 것이다.

부모 또한 다르지 않다. 어떠한 이유로든 베이비박스에 아이를 놓을 경우, 그렇게 아이와의 관계가 단절될 경우, 아이는 물론이거니와 부모 또한 상실의 기억을 안고 살아갈 수밖에 없다. 그 결핍을 스스로 만들고 감내하기보다, 혈연관계와 이웃관계를 켜켜이 쌓아가는 신뢰 속에 모두의 사회화를 도울 수는 없을까. 두 사람이 등을 맞대는 모습이라고도 해석되는 '人(사람 인)'의 사람은 연령도, 성별도, 국적과 인종, 장애와 경제적 사정 등 갖은 특성을 따지지 않는다. 그저 함께 있을 뿐이다.

무엇보다 "베이비박스마저 없으면 아이가 버려져서 생명이 위태로워지는 아이들이 늘어날 것"이라는 오해를 버려야 한다. 베이비박스가 있어도 영아살해나 유기 건수는 줄어들지 않았다. 이는 국내외 경험적 증거와 함께 다수의 연구조사로 확인된 바다.* 종종 베이비박스 운영사례로 꼽히는 독일 등 유럽권 국가를 비교하기도 하는데, 그들 나라는 한국과 비교할 수 없을 만큼 한부모가정 등 다양한 가족상에 포용적인 문화를 보여준다. 그러나 이 점은 늘 간과되고 있다. 사실상 한국의 베이비박스는 결혼하지 않은 부모, 청소년 부모, 또는 경제적으로 어려운 부모가 아이를 못 키울 것이라는 편견, 혹은 키우지 않는 것이 낫다는 편견을 공고히 하는 데 이바지한다. 어차피 잘못 키울 테니, 부모도 알 필요 없다고 말하게 한다. 혹자는 아이를 위해 부모를 모르는 편이 더 낫다고 말하기도 한

---

* 베이비박스가 있는 오스트리아, 독일, 네덜란드 등에서도 베이비박스의 설치 이후 영아살해 숫자는 전혀 줄지 않았던 것으로 보고되고 있다. 여러 선행연구에 따르면, 영아살해는 임신상태를 부인하는 여성이 극단적인 정신장애에 빠져 이성적이고 합리적인 판단을 할 수 없는 상태에서 발생하는 것이라는 것이며, 극단적인 상태에서 발생하는 영어살해는 결코 베이비박스로 예방할 수 없음을 알 수 있다. (Malmquist, C. P. (2013). Infanticide/neonaticide: The outlier situation in the United States. Aggression and Violent Behavior, 18(3), 399-408.)

다. 그런데 내 부모가 누구인지 알 필요는 인권, 아동의 권리다. 유엔인권이사회는 인권에 기반한 출생등록(human rights-based approach to birth registration)을 강조하며 보편적 출생등록 제도(Universal Birth Registration) 도입을 권고했는데,* 이는 권리를 갖는 자(rights-holder)의 관점에서 제도가 갖추어져야 한다는 취지에서 비롯한 것이다. 인권을 개념화한 신념은 인간이 스스로 권리를 지닌 주체로서 자력화(empower)하는 것을 지향했다. 예컨대 복지를 국가가 시혜적으로 선심성 혜택을 제공하거나 만들어주는 것이라 보는 개념과 국가나 사회를 향해 당사자가 당연하고 당당하게 이를 지켜내라고 요구할 수 있는 개념으로 보는 것은 본질적으로 다르다.** 인권의 관점에서 출생등록을 바라본다면, 출생이 등록되는 당사자인 아동이 최우선적으로 존중되어야 한다.

세상에 부모 없는 아이는 존재할 수 없다. 권리로서 출생등록이 불가한 아이의 사정도 있을 수 없다. 부모의 사

---

* A/HRC/28/L.34, A/HRC/22/L.14/Rev.1
** 조효제 지음, 『인권을 찾아서』, 한울 아카데미, 2011.

연이 출생등록을 망설이거나 못 하게 할 수 있는 이유가 되어서도 안 된다. 출생등록의 결과는 출생신고를 해야 할 부모는 물론이고, 부모를 대신하거나 부모를 도와 국가가 움직이는, 모든 정치적인 행위를 포함한다. 아이는 스스로 세상에 태어나기를 선택하지 않았다. 부모를 선택한 적도 없다. 어른의 이유는 어른들이 감당하고, 바꾸어나가야 한다. 출생의 기록을 정확하게 남겨두는 것은 부모가 된 어른의 첫 임무이다. 돌봄의 사회적 책임을 분담하는 임무가 잘 수행될 수 있도록 사회적으로 지원해야 한다. 지금 필요한 것은 이 같은 사고의 전환이다. 임무를 부여했다면, 임무가 가능하도록 여건을 만들어주는 것이 국가의 기능이다. 어른의 어려움을 해결하려는 의지에 모든 아이의 삶이 소중하다는 약속을 담아야 한다.

전 세계가 인권의 정신을 합심으로 확인한 최초의 문서인 세계인권선언은 출생 또는 그 밖의 신분에 따른 그 어떤 종류의 구분도 없이 모든 종류의 차별로부터 보호받을 인간의 권리를 천명하면서(제2조), 모든 어린이·청소년은 그 부모가 결혼한 상황에서 태어났건 아니건 간에 똑같은 보호를 받는다(제25조 제2항)고 한 번 더 설명했다. 세계인권선언은 1948년에 채택되었다. 이미 70년도 더 전에 친부모의 법적 혼인 상태가 아동의 처우를 다르게 할 이유가 될 수 없다는 원칙을 확인했는데, 왜 여전히 법률의 테두리를 벗어난 가족형태는 아이의 출생을 부끄럽다는 오명으로 가릴 수 있게 하는가.

바라건대, 아이를 낳는 선택과 결정에 하나의 인생을 최선을 다해 지지하고 지탱할 책임도 같은 무게로 담기길 소망한다. 누군가의 삶을 책임지려는 그 혹은 그녀, 그들의 인생이 기꺼이 존중받기를 간절히 바란다. 그런 세상에 베이비박스는 존재할 필요가 없다. 내 인생을 소중히 한다면, 다른 이의 인생도 소중히 여길 테니까. 인권이 잘 지켜지는 사회에서는 인권을 말하지 않는다고 설명한 잭 도널리(Jack Donnelly)의 발견처럼,* 언젠가는 출생등록이 권리로 불리기보다 그저 당연한 결과로 여겨지길 꿈꾼다.

---

* Donnelly, J. (2013). Universal human rights in theory and practice. Cornell University Press.

6장 출생등록은 시민을 위한 국가의 첫 번째 책무

아동에 대한 국가의 책임

"아동에 대한 국가의 책임을 확대합니다."

2019년 5월 관계부처가 합동으로 '포용국가 아동정책'을 발표했다. 아동에 관한 일은 여러 부처를 넘나드는 일이라 한 개 정부 부처의 의지만으로 해결할 수 없다. 그래서 관계된 여러 부처가 함께 머리를 맞대고 발표하면서 아동을 위한 책무를 이행하겠다고 약속한 이 정책이 더욱 반가웠다. 보도자료에 따르면, 이번 정책은 아동이 양육의 대상이 아니라 현재의 행복을 누려야 할 권리의 주체라는 인식에 기반을 두고 아동의 삶을 실질적으로 개선하기 위해 국가의 책임을 확대하는 내용을 담고 있다. 10대 핵심 과제에는 '보호가 필요한 아동은 국가가 확실히 책임지는 시스템 혁신'뿐만 아니라 '누락 없는 출생등록'도 포함되어 있다.

아동 또한 공동체의 구성원으로서 헌법이 보장하는 기본권의 주체라는 점은 분명하다. 헌법 제10조는 모든 국민은 인간으로서의 존엄과 가치, 행복을 추구할 권리를 가지며, 국가는 개인이 가지는 불가침의 기본적 인권을 확인하고 이를 보장할 의무를 진다고 말한다. 헌법 제34조 제4항은 국가가 청소년의 복지향상을 위한 정책을 실시할 의무를 진다는 점을 밝히고 있다. 아동·청소년에 관한 기본법인 아동복지법과 청소년기본법은 아동·청소년을 위한 국가와 지방자치단체의 책무를 규정하고 있다. 그 내용을 구체적으로 살펴보면, 국가와 지방자치단체는 아동이 태어난 가정에서 성장할 수 있도록 지원해야 한다는 원가정양육의 원칙에서부터 아동권리협약에서 규정한 아동의 권리 및 복지 증진 등을 위해 필요한 시책을 수립·시행하고

---

*   아동복지법은 '아동'을 18세 미만인 사람으로 정의하며, 관할 부처는 보건복지부이다. 한편 청소년기본법은 '청소년'을 9세 이상 24세 미만인 사람으로 정의하며, 관할 부처는 여성가족부이다. 그 밖에 관계 법령상 미성년자, 영유아, 어린이, 소년 등 성인이 되지 않은 사람을 지칭하는 용어는 많지만, 이 글에서는 '아동'으로 칭하기로 한다.

이에 필요한 교육과 홍보를 하여야 할 책무도 제시한다. 아동에 대한 가정과 사회의 책임 수행에 필요한 여건을 조성해야 할 국가의 책임도 규정하고 있다.

아동권리협약은 아동을 독립적 인격체이자 권리의 주체자로 인정한 최초의 인권협약이자 전 세계 가장 많은 국가가 지키겠다고 약속한 규범이다. 우리나라에서도 헌법에 따라 1991년 12월부터 발효되고 있다. 아동권리협약이 국내법과 같은 위상으로 우리나라에서 효력이 발생한 지 무려 30년이 넘은 것이다. 아동권리협약에만 있는 특별한 원칙이 바로 '아동 최상의 이익 원칙'인데, 이는 입법기관, 행정당국, 법원, 공공·민간 사회복지기관 등이 아동에 관한 모든 활동에 있어 아동 최선의 이익을 최우선적으로 고려해야 하며, 국가는 아동의 복리(well-being)에 필요한 보호와 돌봄을 보장해야 한다는 원칙이다. 따라서 국가가 아동에 대한 책무를 이행한다는 것은 곧 아동 최상의 이익을 실현하는 것이 되어야 한다. 아동권리협약은 국가로 하여금 이 협약이 명시한 권리를 이행하기 위해 모든 자원을 활용하여 모든 적절한 입법적·행정적, 기타 조치를 취해야 한다고 분명하게 규정한다.

법은 사회 구성원 모두가 지켜야 할 사회규범이다. 이러한 법들이 아동에 대한 문제를 해결하는 데에 국가가 가장 중요한 책임을 진다는 점을 한목소리로 강조하고 있다. 하지만 우리가 마주하고 있는 현실은 어떠한가? 과연 우리 사회는 아동을 '권리를 보유하는 주체자'로 인식하고, 사회공동체의 일원으로 인정하고 있을까? 국가는 아동의 권리 보장을 정말로 '확실하게' 책임지고 있는가?

앞서 각 장에서 다양하게 언급된 것처럼, 우리 사회에는 출생신고가 되지 않아 제대로 된 교육이나 병원 치료를 받지 못한 채 '유령'처럼 살아가는 이들이 있다. 온 사회가 '체벌은 금지된다'고 외치지만 아동에게 가하는 폭력은 '훈육'으로 정당화된다. 학대가 아니더라도 부모의 이혼이라든가 경제적으로 어렵다는 '어른의 사정' 때문에 시설로 보내지는 아동도 많다. 출산율이 세계에서 제일 낮다고 온갖 우려를 표명하면서도 여전히 아동을 국경 밖으로 입

---

*   기사에 따르면, 유엔인구기금(UNFPA)이 14일(현지시각) 발간한 2021년 세계 인구 현황 보고서 '내 몸은 나의 것'에 실린 통계표를 보면, 한국 여성 1명이 평생 낳을 것으로 예상되는 아이 수를 뜻하는 '합계 출산율'은 1.1명이다. 이는 조사 대상 198개 국가 및 지역 중 꼴찌다. 한국의 합계 출산율은 지난해 조사에서 처음으로 꼴찌로 떨어진 뒤 2년 연속 최하위다. (https://www.hani.co.kr/arti/

양 보내고 있으며, 수년째 미혼모˙˙의 자녀가 해외 입양아동의 99~100%를 차지하는 실정이다. 부모가 학대를 가한 사실이 외부에 알려지는 순간, 아동은 너무나 쉽게 삶의 터전을 박탈당하고 각종 시설로 옮겨진다. 아동이 마주하게 될 옮겨진 시설에서의 삶, 시설 이후의 삶은 질문하지 않는다. 아동이 법을 위반한 사건이 언론에 나오면, 감히 나이도 어린 것이 그런 악독한 범죄를 저지를 수 있냐며 엄하게, 혹독하게 처벌해야 한다는 목소리만 들릴 뿐이다. 어쩌다 그런 범죄 상황에 놓이게 되었는지, 가정, 학교, 사회가 아동이 범죄에 연루되는 결과를 막기 위해 무슨 역할을 했는지는 아무도 묻지 않는다.

아동 또한 법 앞에 평등하다. 아동이라는 이유로 달리 취급받거나 차별받아서는 안 된다. 다만, 아동기는 자라

---

international/international_general/991023.html, 〈한겨레〉, "한국 출산율 198개국 중 198등…2년 연속 '꼴찌'", 2021.4.14.)
** '미혼모'(未婚母)라는 용어가 미혼모에 대한 부정적 인식을 부추겨 새로운 단어로 변경할 필요성이 있다는 논의가 있다. 미혼모는 '아직 혼인하지 않은 상태에서 자녀를 낳은 여성'이라는 의미를 담고 있어 혼인이라는 과제를 해결하지 못한 미완 혹은 불충분의 존재로 정의되고 부정적 인식과 낙인, 차별을 부추긴다는 지적이다. (https://www.womennews.co.kr/news/articleView.html?idxno=128448, 〈여성신문〉, "'미혼모' 호칭이 차별과 인권침해 조장…대안은?", 2017.12.6.)

나는 과정에 있다는 특성상 권리 보장을 위한 조력자의 역할을 특히 중요하게 다루어야 한다. 아동 스스로 자신의 이익을 주장할 기회를 얻기 어렵고, 그래서 아동의 목소리는 더욱더 쉽게 간과되기 때문이다. 아동이 자신의 권리를 행사하고, 그 권리 보장이 아동의 이익에 부합하도록 여러 절차적인 제도가 반드시 뒷받침되어야 할 이유이다.

그러나 우리 사회는 그렇지 않다. 아동이 부모를 학대로 신고한 경우를 예로 들어보겠다. 경찰, 아동학대전담공무원, 아동보호전문기관 상담원 등 많은 이들이 아동을 위해 현장에 출동하도록 되어 있지만, 막상 아동이 처한 상황이 어떠했는지, 시설보호 외에 학대로부터 안전하게 나를 지키기 위해서 어떤 도움을 받을 수 있는지, 나의 목소리를 대변할 사람이 주위에 있는지, 내가 결정할 수 있는 선택지는 무엇이 있고, 그 선택지마다 어떤 장단점이 있는지 등을 아동의 눈높이에 맞추어 제대로 안내하는 이를 도무지 찾아볼 수 없다.

아동을 가정에서 분리하는 그 결정은 과연 아동의 어떠한 권리를 지키기 위한 것일까? 만약 그 결정이 아동에게 최선이 되는 이익을 최우선으로 고려한 것이라면, 어떠한 기준에 입각한 것인지, 아동의 이익이 다른 고려사항들과 어떻게 비교되어 검토되었는지[*] 아무도 묻거나 설명하지 않는다. 우리는 '아동'이라는 이유로, 아동이 아닌 어른들보다 쉽게 권리가 박탈되는 장면을 어렵지 않게 목격할 수 있다. 그 장면들에서 아동을 위한 국가의 모습은 보이지 않는다.

---

[*] CRC/C/GC/14, para.6 참조.

아동보호는 국가에,
출생신고는 개인에게?

"아이를 버린 죗값은 받더라도 출생신고는 해야 한다고 생각했어요."

한 여성은 사귀던 남자친구와 헤어진 이후 임신했다는 것을 알게 되었다. 주변에 임신 사실을 알리지 못했던 여성은 홀로 모텔에서 출산하였다. 아이는 예정일보다 빨리 나온 탓인지 체구가 작았고 겉으로 보기에 신체적 장애도 뚜렷하게 보였다. 여성은 겁이 났고, 모텔 주차장에 아이를 두고 도망치듯 뛰어나왔다. 결국 여성은 영아유기죄로 구치소에 수용되었다. 구치소에서 여성은 죗값은 받더라도 아이의 출생신고는 해야 한다고 생각했다. 유전자 검사를 위해 머리카락을 뽑아서 변호사를 통해 외부에 보내기도 했다. 하지만 유전자 검사를 의뢰한 사람과 모발의 주인이 같은 사람임을 증명할 수 없다는 이유로 검사는 진행되지 못했다. 여성은 구치소에 유전자 검사를 해줄 사람이 방문할 수 있게 해 달라고 요청했지만, 구치소는 외부인 출입은 허가할 수 없다고만 했다. 어머니는 이렇게 출생신고를 포기했다. 당장 포기한 것은 출생신고였지만 아동의 양육에 대한 의지도 함께 저물어갔다.

구치소에서 손발이 묶인 어머니가 출생신고를 위해 애쓰는 동안 아동은 한 아동양육시설로 보내졌다. 시설은 아동에게 장애가 있어 병원 진료를 계속 받아야 하는데, 출생신고가 안 되어 장애 판정이나 의료급여 등을 못 받고 있다며 보편적출생신고네트워크에 법률지원을 요청했다. 보편적출생신고네트워크 법률지원단 변호사들은 시설과 아동보호전문기관, 당시 어머니를 수사했던 경찰과 검사에게 여러 차례에 걸쳐 문의하고 상담했다. 어머니의 연락처를 어렵게 알아내 연락을 취했고, 어머니를 설득해 법원에 출생확인을 구하는 절차를 진행했다. 병원에서 출산한 것이 아니기 때문에 병원에서 발급하는 출생증명서를 첨부할 수 없는 이유와 모자 혈연관계를 증명할 자료가 필요했다. 영아유기죄는 친자관계를 전제로 한 범죄이기 때문에, 다행히 별도의 유전자 검사 없이 영아유기죄 판결문으로 출생확인을 받을 수 있었다. 이후 시설 선생님과 변호사가 함께 구청에 방문하여 출생신고를 했다. 아이가 태어나고 31개월이 지나 비로소 한 아동의 존재가 공적으로 등록될 수 있었다.

이 사안에서 우리는 질문해야 한다. 여성이 원치 않았던 임신을 알게 된 순간, 그리고 아이를 뱃속에 품은 열 달이라는 긴 시간 동안 그녀의 이야기를 들어줄 곳이 왜 하나도 없었을까. 이 여성이 살았던 지역의 구청, 주민센터는 그녀의 상황을 인지하고 적극적으로 이용할 수 있는 제도를 안내하고 지원하는 것이 불가능했을까.

국가는 태어날 아동을 양육하기 어려운 사정을 발견하였다면 그 사정을 해소할 방안이 있는지, 당장 아동을 양육할 수 없다면 아동을 보호할 수 있는 대안은 어떤 것이 있는지, 아동의 아빠나 엄마 외에 아동을 보호할 친인척은 없는지, 엄마가 다시 아동을 만나 함께 살아가기 위해 어떤 준비를 해야 하는지 이야기했어야 했다. 경찰은 자녀를 유기한 범죄사실로 수사를 진행하는 동안 범죄피해의 당사자인 아동이 안전하게 보호되고 있는지 확인했어야 했다. 검사는 아동의 유일한 보호자일 가능성이 큰 피의자를 체포·구속할 때 남겨진 아동이 어떻게 보호되고 있는지 확인하고, 법에 따라 부모가 출생신고를 제때 못해 아동의 복리가 위태롭게 될 우려가 있는 이 사안에서 부모의 출생신고를 돕거나 대신하는 역할을 해야 했다.* 판사는 아동의 유일한 양육자에 대한 형을 선고할 때 남겨질 자녀의 양육상황을 확인하고, 아동을 중심으로 참작 가능한 법적 판단을 내렸어야 했다. 예컨대, 형의 집행 및 수용자의 처우에 관한 법률에 따르면 여성수용자는 자신이 출산한 유아를 교정시설에서 생후 18개월에 이르기까지 양육할 것을 신청할 수 있다. 심지어 교정시설에서 일정 기간 양육도 할 수 있는데, 구치소는 수용자가 밖에 있는 자녀의 출생을 신고하기 위한 협조를 요청했음에도 불구하고 외면하였다. 구치소의 방관은 오히려 수용자가 출생신

---

* 가족관계의 등록 등에 관한 법률은 출생신고의무자(부 또는 모)가 출생 후 1개월 이내에 신고를 하지 아니하여 자녀의 복리가 위태롭게 될 우려가 있는 경우에는 검사 또는 지방자치단체의 장이 출생신고를 할 수 있다는 점을 명시하고 있다(제46조 제4항).

고를 포기하는 결정적인 계기로 작동했다.

우연한 계기로 아동의 출생등록은 되었으나, 여전히 아이는 아동양육시설에서 살고 있다. 아이가 원래의 가정으로 돌아갈 가능성은 희박하다. 게다가 시설은 장애아동을 더는 양육하기 어렵다는 이유로 이 아이를 보낼 장애인복지시설을 알아보고 있다고 하였다. 장애인복지시설은 '장애'에 특화된 시설이기에, 아동보호를 위한 일련의 체계와 단절될 여지가 크다. 아동은 가족관계등록부에 어렵게 새겨진 어머니의 이름만 확인할 수 있을 뿐, 내가 태어난 가정, 내 가족과 함께 자라날 권리를 명백히 침해받고 있다. 그 권리를 침해한 첫 번째 주체는 아무 역할을 하지 않은 엄마, 누군지 알 수도 없는 아빠라 할 수 있지만, 모든 결과는 엄마나 아빠가 아무것도 안 하거나 못 하도록 방치한 국가의 무책임한 부작위에서 비롯된 것이다.

한 사람이 태어나 자신의 존재와 출생사실을 등록하는 것은 권리이자 법률로써도 본질적인 내용을 침해할 수 없는 기본권이다. 국가는 출생등록 될 권리를 보장해야 할 책무가 있지만, 이러한 책무를 철저하게 외면하고 있다. 한 인간으로서 사회 구성원, 그리고 시민으로서 그 존재를 인정받기 위한 출발점인 '출생등록'을 개인에게 내맡기고 있기 때문이다. 출생등록을 하기 어려운, 할 수 없는 사유는 얼마든지 있다. 법률상 배우자가 있지만 혼인 외의 관계에서 출산한 경우, 혼인신고를 하지 않은 관계에서 출산한 경우, 병원이 아닌 곳에서 출산해 출산사실을 증명하기 어려운 경우, 갑자기 예기치 않게 부모가 교도소에 수용된 경우, 부모가 외국인이거나 체류자격이 없어 출생신고를 할 수 없는 경우 등 매우 다양하다. 지금 제시된 사유들은 현행 법령과 제도의 장벽 때문에 출생신고를 할 수 없거나 여러 가지 번거로운 법적·행정적 절차를 거쳐야 출생신고를 할 수 있는 사유들이다. 그러나 한 가지 공통점이 있다. 이 모든 사안에서 국가는 "출생신고 '의무자'는 부모이니 나는 몰라도 된다"는 방관자의 입장을 취했다는 점이다.

국가의 출생등록, 그 험난한 길

"만약 그냥 출생신고를 했다가 남편(법률상 배우자)이 알게 되면, 저희 구청에 찾아와서 뒤집고 난리가 나요."

한 여성은 법률상 배우자가 아닌 남성과의 사이에서 임신하고 출산했다. 아이의 친부에게 양육을 기대할 수도 없는 상황이었다. 여성은 아이를 할머니(아이의 외증조할머니)에게 맡기고 도망쳤다. 여성은 잠적했고, 치매 등으로 아이를 도저히 양육할 수 없었던 할머니는 손녀(아이의 엄마)를 아동학대로 신고했다. 신고된 즉시 아이는 할머니의 품에서 분리되어 한 시설로 옮겨졌다. 여성은 결국 체포되었고 재판을 받았다. 여성은 판사에게 아이의 출생신고를 하고 직접 양육하겠다고 선처를 구했지만, 유죄판결이 선고된 이후 여성은 다시 잠적했다. 구청의 담당 공무원은 출생신고가 되지 않은 사실, 출생신고 의무자로서 유일한 양육자인 어머니가 직접 출생신고를 할 수 없는 사정을 알고 있었다. 보편적출생신고네트워크는 구청 공무원과 소통하면서 이 경우에는 지방자치단체의 장이 직권으로 출생신고를 할 수 있다는 사실을 안내했지만 매우 소극적이었다. 법원의 판결이 있어야, 친생추정이 법률상 해결되어야 구청의 출생신고가 가능하다는 답만 돌아왔다. 출생신고를 지원할 마음이 없는 건 아니지만, 법률상 배우자가 민원을 제기할 것이 우려된다는 점을 여러 번 언급하면서 말이다.

출생등록은 아동보호를 위한 국가의 책무이지만 이를 이행하지 않는 이유는 참 많았다. 혼인 외 관계에서 출산한 사실, 친어머니가 행방을 감추어 출생신고에 대한 협조를 구하기 어려운 사정들은 국가가 아동의 이익을 위해 출생신고를 대신해야 할 사유였지만, 오히려 국가는 출생신고를 할 수 없는 변명거리로 삼아버렸다. 출생신고 의무자(부 또는 모)가 출생 후 1개월 이내에 신고하지 아니하여 자녀의 복리가 위태롭게 될 우려가 있는 경우에 검사 또는 지방자치단체의 장이 출생신고를 할 수 있다는 규정은 2016년 11월 30일부터 시행되고 있다. 이 규정은 2015년 6월 정부가 발의한 법안으로 적법한 절차를 거쳐 통과된 것이다. 당시 정부는 출생신고 의무자가 출생신고를 기피하여 아동의 복리가 위태롭게 될 우려가 있는 경우에 출생미신고 아동의 권리가 보호될 수 있도록 법안을 제안하였다고 밝혔다. 이때 개정안에 대해 국가가 개입하여 강제로 출생신고를 하는 것이 과연 타당한지 논의되었는데, 이에 대해 담당 부처인 법무부는 출생신고 의무자의 사생활 보호 등의 이익보다 아동의 권리보호가 우선시되어야 하며 자녀의 복리가 위태롭게 될 우려가 있는 경우로 개입을 최소화하고 있으므로 크게 문제될 것이 없다고 답했다. 즉, 검사나 지방자치단체의 장이 직권으로 출생신고를 가능하게 한 개정안은 출생미신고 아동의 권리를 보장하기 위해서였다. 그러나 일선의 공무원들에게는 규정이 만들어진 취지가 가닿지 않았다. 어쩌면 그들은 일거리가 하나

---

* 국회 의안정보시스템 참고, http://likms.assembly.go.kr/bill/billDetail.do?billId=ARC_U1B5D0M6Q1Q1W1I5V0K8Z0P2Z9P3O0

더 늘었다는 식으로 생각했을지도 모른다.

결과적으로, 이 아이의 출생신고는 어머니를 아동학대로 수사했던 검사가 하였다. 출생증명서를 확보할 수 없는 문제가 있었는데, 보편적출생신고네트워크 법률지원단의 자문으로 담당 수사관이 어머니의 수사기록을 뒤져 친모관계를 증명할 자료를 찾아내었다. 필요한 서류는 다 갖추어졌으니, 곧바로 검사가 출생신고를 하면 되었다. 이 경우는 국가가 아동의 출생등록에 관한 책무를 직접 이행한 귀한 사례이다. 하지만 여전히 남아있는 숙제도 있다. 당시 이 여성에게는 세 명의 자녀가 더 있었는데, 이 중 두 명이 출생신고가 안 된 상황이었다. 법률상 배우자와의 관계에서 자녀를 출산한 게 아닌, 즉 혼인 외 출생 사례였다. 그러나 보편적출생신고네트워크는 민간의 외부인으로서, 나머지 아이들도 무사히 출생신고가 되었는지까지 확인할 수 없었다. 아마도 법률상 아버지로 추정되는 사람이나 친아버지가 나서지 않는 한, 친생부인의 소 혹은 친생자관계부존재확인의 소와 같은 소송을 통해 친자관계가 정리될 가능성은 매우 낮을 것이다. 또한, 출생신고를 하는 것조차 소극적이었던 지방자치단체가 아동이 다시 가족을 만나 가족과 함께 자라날 수 있도록 최선을 다해 노력하는 것도 기대하기 어렵다. 안타깝게도 2017년부터 시작된 보편적출생신고네트워크 법률지원단 활동 과정에서 지방자치단체장의 직권으로 출생신고가 된 사례는 한 차례도 없었다.

국가공동체 구성원으로 인정되는 출발점 '출생등록'

 2011년 '입양촉진 및 절차에 관한 특례법'이 '입양특례법'으로 이름을 바꾸면서 전면적으로 개정되었다. 아동을 입양하는 절차가 아동의 복리를 중심으로 이루어질 수 있도록 국가의 관리·감독을 강화하는 것을 기본 패러다임으로 국가 주도의 입양 정책을 수립할 필요가 있다는 이유에서였다.* 이때 입양이 아동의 이익이 최우선이 되도록 해야 한다는 입양의 원칙을 명시하는 것(제4조)과 함께 아동을 입양하기 위해 가정법원의 허가를 받기 위해서는 '양자

---

* 국가법령정보센터, 입양특례법[법률 제11007호, 2011. 8. 4., 전부개정, 2012. 8. 5. 시행] 제정·개정이유 참고.

가 될 아동의 출생신고 증빙 서류'를 제출하도록 하는 내용이 새롭게 마련되었다(제11조 제1항 제1호). 이는 당시 입양신고 대신 허위로 친생자 출생신고를 하던 불법적인 관행을 철폐하기 위한 것이었다.[*] 입양은 아동이 선택하거나 결정한 것이 아니다. 국가가 맺어준 가족관계인 '입양'을 이유로 나의 존재, 정체성이 더는 지워지지 않도록, 출생등록이 아동의 권리로 보장되기 위한 기반을 만든 귀한 입법례다.

대법원은 2020년 6월 미혼부가 혼인 외 출생자에 대한 출생신고 확인을 구한 사안에서 아동의 '출생등록 될 권리'를 최초로 인정했다.[**] 이 대법원 결정에서 엄마는 외국인으로, 박해를 피해 본국에서 도망쳐 인도적 체류허가 지위를 받은 경우였다. 아이의 친모는 국내에서 유효한 신분증이 없고, 난민 사유 때문에 본국에서 혼인관계가 없다는 증명서를 발급받을 수도 없어, 아이 아빠와의 혼인

---

[*] 소라미, 『아동이익 최우선의 원칙에서 바라본 아동 입양제도-아동 입양제도의 변천과 과제, 아동청소년의 권리에 관한 연구』, 법무법인(유한) 태평양·재단법인 동천, 공익법총서, 2020 참조.
[**] 대법원 2020. 6. 8. 선고 2020스575 결정.

신고를 하지 못했고, 결국 아동의 출생신고 접수도 거부되었다. 이에 한국 국적인 아빠가 가정법원의 확인을 받기 위해 친생자 출생신고 확인 신청을 했으나, 1심과 2심 모두 친모의 이름과 국적을 알고 소재불명 상태가 아니라는 이유로 가족관계등록법 제57조 제2항이 적용될 수 없다고 판단한 사안이었다. 하지만 대법원은 "문언(제57조 제2항)에 기재된 '모의 성명, 등록기준지 및 주민등록번호를 알 수 없는 경우'는 예시적인 것이므로, 이 사건과 같이 외국인인 모의 인적사항은 알지만 자신이 책임질 수 없는 사유로 출생신고에 필요한 서류를 갖출 수 없는 경우 또는 모의 소재불명이나 모가 정당한 사유 없이 출생신고에 필요한 서류 발급에 협조하지 않는 경우 등과 같이 그에 준하는 사정이 있는 때에도 적용된다고 해석하는 것이 옳다."라고 보았다. 또한, 국가가 출생신고를 받아주지 않거나 절차가 복잡하고 시간도 오래 걸려 출생신고를 받아주지 않는 것과 마찬가지 결과가 발생한다면 이는 아동으로부터 사회적 신분을 취득할 기회를 박탈함으로써 인간으로서의 존엄과 가치, 행복추구권 및 아동의 인격권을 침해하는 것이며, 현대사회에서 개인이 국가가 운영하는 제도를 이용하기 위해 갖추어야 할 사회적 신분의 취득은 개인에 대한 출생신고에서부터 시작한다고 판시했다. 아동은 태어난 즉시 '출생등록 될 권리'를 가지며, 이러한 권리는 '법 앞에 인간으로 인정받을 권리'로서 모든 기본권 보장의 전제가 되는 기본권이므로 법률로써도 이를 제한하거나 침해할 수 없다는 점도 누차 강조했다. 출생등록을 아동의 '권리'이자 모든 기본권 보장의 전제가 되는 기본권으로 인정했다는 데 특별한 가치가 있는 판결이었다. 다만, 출생등록에 대한 권리의 주체를 '대한민국 국민'으로 태어난 아동으로 한정했다는 한계는 여전히 남아있다.

우리나라는 1991년 아동권리협약을 비준한 이후 현재까지 총 네 번의 심의를 받았다. 아동권리협약을 비준한 나라는 아동권리협약이 규정하는 아동의 권리 실현을 위해 취한 입법적·행정적·사법적 조치를 유엔아동권리위원회에 정기적으로 보고해야 한다. 심의 결과, 우리나라는 특히 출생등록과 관련하여 여러 차례 유엔아동권리위원회의 권고를 받았다. 유엔아동권리위원회는 1996년 대한민국에 대한 1차 심의에서 혼외 출생 아동에 대한 차별을 철폐하라는 권고를 시작으로, 2011년에는 부모의 법적지

위·출신에 관계없이 모든 아동이 출생등록 되도록 하고, 출생신고에 아동의 생물학적 부모가 정확히 명시되도록 보장하도록 권고했다. 제5~6차 국가보고서를 심의한 결과 2019년 10월에는 다음과 같이 출생등록 될 권리 보장을 권고했다. 부모의 법적 지위 또는 출신지와 관계없이 모든 아동이 출생신고를 보편적으로 이용할 수 있도록 보장할 것, 모든 아동이 출생 직후 등록될 수 있도록 미혼부가 자녀를 등록하는 절차를 간소화할 것, 미등록 출생아동 파악을 위해 필요한 모든 조치를 취할 것, 출생등록의 중요성에 대한 인식 개선 캠페인을 실시할 것, 그리고 종교단체가 운영하면서 익명으로 아동유기를 허용하는 '베이비박스'를 금지할 것이 그 내용이다.

권고를 받은 지 2년 반이 지났지만, 권고를 실천하는 국가의 발걸음은 여전히 더디기만 하다. 정부는 의료기관이 출생하는 모든 아동을 누락 없이 국가기관(지방자치단체의 장 등)에 보내어 알리는 출생통보제도 관련 법안을 2022년 3월이 되어서야 국회에 제출했지만, 의료계의 반발 등

---

*   http://www.doctorstimes.com/news/articleView.html?idxno=217942.

으로 통과가 불투명한 상황이다. 아버지가 혼인 외의 자녀를 출생신고 할 수 있는 절차는 조금씩 개선되고 있지만, 여전히 미혼부는 출생신고가 어려운 사유를 증명해내야만 한다. 게다가 국가 차원에서 행하는 출생등록이 되지 않은 아동의 실태조사는 전혀 이루어지지 못하고 있다. 국가가 작성한 공식적인 출생미등록(미신고) 통계자료가 없는 것이다. 통계가 없는 '없는 존재들'이니, 출생미등록 아동의 권리보장 조치는 당연히 공백일 수밖에 없다. 익명으로 아동 유기를 허용하는 베이비박스도 여전히 존재한다. 그 와중에 다시 자녀를 양육하려고 베이비박스를 찾아온 부모는 영아유기죄 등으로 처벌될 뿐, 정확한 출생등록과 양육 지원을 위한 연계 서비스는 제대로 이루어지지 않고 있다. 무엇보다 베이비박스, 그리고 베이비박스를 방치하고 있는 국가에 대한 책임을 묻는 사람이 어디에도 없다.

유엔아동권리위원회뿐만 아니라 여러 유엔 인권조약기구는 대한민국에 대해 부모의 법적 지위 또는 출신지 등과 관계없이 대한민국에서 태어난 모든 아동에 대한 출생

〈의사신문〉, "'출생통보제 도입' 입법 가속화…의료계 반발 커질 듯", 2022.3.3.

등록 될 권리를 보장하는 보편적 출생등록제도 도입에 관해 일관되고 반복적으로 권고하고 있다. 앞서 살펴본 유엔아동권리위원회 권고 외에도 2012년과 2017년 대한민국의 국가별 인권상황정례검토, 2015년 자유권규약위원회, 2017년 사회권규약위원회, 2018년 인종차별철폐위원회와 여성차별철폐위원회에 이르기까지 국제사회는 대한민국을 향해 한결같은 목소리를 내고 있는 중이다.

다행히 출생등록에 이르기까지 각종 장애물로 가득한 척박한 현실에서, 없던 길을 내고 그 길을 닦는 사람들도 있다. 법·제도·정책을 만들고, 만들어진 법을 아동 중심으로 해석하고 적용하며, 때로는 그 법이 현장에서 적용되기 어렵다면 그 이유가 무엇인지 찾고, 아동의 권리 실현에 법이 도리어 한계나 차별로 작용하거나 아동의 권리를 침해하지는 않는지 집요하게 점검하고 평가하기도 한다. 사회의 곳곳에서 당신들이 마주할 수 있는 가장 작은 존재인 아동을 위해 목소리를 내는 이들이 있기에, 문제가 발굴되고, 변화의 필요와 변화될 방향성이 알려질 수 있었다. 이런 노력을 기울이는 사람들이 더 많아졌으면 한다.

모든 노력은 국가가 아동 최상의 이익을 지원하고, 보장하는 결과를 바라는 마음에 있다. 그 마음을 토대로, 이제 우리 사회는 더 적극적으로 달라져야 한다. 출생등록을 둘러싼 많은 이해관계자의 사정과 목소리를 걷어내고, 아동의 눈으로 출생등록을 바라봐야 한다. 베이비박스에 맡겨져 나의 역사가 지워진 채 별다른 대안 없이 시설에서 생활해야 하는 것, 국가의 관리·감독의 손길이 닿지 않는 미신고시설에서 부모의 존재를 알지 못한 채 시설장을 부모라 부르며 살아가야 하는 것, 부모의 상황과 부모의 사정으로 출생신고가 제때 이루어지지 않아 필요한 병원 치료조차 제때 받지 못하는 것, 다른 사람의 건강보험증을 통해 허위로 출생증명서를 발급받아 출생신고 되면서 갑자기 가족관계등록부가 폐쇄되어버린 것. 이 모두 보편적 출생신고네트워크가 한 사람의 존재를 등록하기 위해 발로 뛰며 마주한 장면들이다. 단순히 '출생신고가 되지 않았다'는 사실을 넘어 아동에게는 나의 존엄이 무너져 내린 순간이었다. 출생등록은 아동을 위한, 아동에 대한 국가의 책무를 이행하는 길의 출발점이자 중심에 있다.

이야기를 마치며

 영화 〈가버나움〉의 자인은 출생등록이 안 된 사실 자체로 슬픔과 아픔, 고난을 온몸으로 마주해야 한다. 사랑하는 여동생이 병원에서 치료조차 받지 못한 채 사망한 사실을 목도하고, 스스로 제 삶을 바꿔보려는 희망을 가졌으나 신분증명서가 없어 불가하다는 이야기를 듣는다. 미등록 체류자 단속에 걸려 집으로 돌아오지 못하는 라힐을 기다리고 버티다, 끝내 라힐의 아이를 시장 상인에게 맡긴 자인의 마음은 얼마나 무거웠을까. 치아의 발달 정도로 열 살 전후의 연령을 추정할 수 있었지만, 부모조차 온전히 기억 못 하는 제 나이를 증명할 수 없어 소년법의 적용을 못 받을 수도 있었다. 출생신고를 하지 않고, 출생등록을 하지 않은 행위자는 자인의 부모와 국가인데, 삶에 있어 모든 상실과 괴로움은 자인의 삶에 날카롭게 와닿는다.

출생이 등록되지 않았다는 것은 그 자체로 권리의 침해이자, 침해를 더하는 파생적 효과가 엄청나다. 범죄행위로 재판을 받게 된 사정이긴 하지만, 그렇게나마 자인의 존재가 당국에 인지되지 않았다면, 성인이 된 자인의 삶은 어떠했을까. 신분을 증명할 수 없는 한 사람의 인생은 시민적·사회적 권리를 완전히 빼앗긴 것과 다름없다. 내일을 꿈꿀 수 없는 삶, 인간의 본질적 특성인 자율성을 상실당한 삶은 출생 직후의 아동권리를 지키지 않았을 때부터 시작된다. 나를 세상에 태어나게 한 부모를 고소하고 싶다는 자인의 절규는 비단 부모에게만 그쳐서는 안 될 터다.

본문에서 거듭 강조하였듯, 출생등록에 대한 아동권리의 궁극적 의무이행자는 "국가"이다. 한국은 아동권리협약 등 7개의 주요 국제 인권조약을 비준한 당사국으로, 국제사회에 한국에서 태어난 모든 아동의 출생등록에 대한 권리를 보장하겠다고 거듭 약속하였다. 하지만 각종 국제 인권조약의 최종견해와 보편적 정례검토(UPR, Universal

Periodic Review) 권고사항에 '보편적 출생등록 제도 도입'이 빠짐없이 언급된 지난 10여 년의 긴 시간, 법과 제도는 여전히 변하지 않았다. 정부는 최근까지도 "대한민국은 속인주의 국가라 외국인 아동의 출생등록을 허용할 수 없다"는 등 출생등록과 국적 부여 두 가지 개념을 혼동하는 모습을 보였으며, 2019년에 들어서야 출생통보제를 도입하겠다는 논의를 시작하였다. 2022년 3월, 드디어 정부의 발의로 가족관계등록법 개정안이 국회에 제출되었지만 대선 국면이라는 이유로, 대선 이후에는 빠르게 논의되어야 하는 다른 법이 있다는 이유로 국회에서 출생통보제는 완전히 뒷전에 밀려나 있다. 어린이날 100주년을 기념하는 2022년 5월 현재, 출생등록에 대한 가족관계등록법 개정안을 심사하는 국회법제사법위원회는 새 정부 출범에 따른 인사청문회 외에는 다른 회의를 열지 않을 것으로 전망된다. 출생등록 제도를 개선하는 법률을 "민생법률"이라며, 권력분배에 우선하는 중차대한 문제로 인지하지 못하는 국가에게 정녕 저출생을 걱정하느냐 되묻고 싶다.

이러한 무관심이 이번 정부와 21대 국회만의 태도는 아니다. 보편적출생신고네트워크는 네트워크가 결성되던

2015년부터 꾸준히 입법활동을 추진하며 법 개정을 촉구해 왔다. 19대 국회에서는 신경림의원 대표발의(제안일 2016. 2. 5.)로 의사·조산사 등이 작성한 출생증명서를 지방자치단체의 장에게 송부하도록 하는 가족관계등록법 개정안을, 20대 국회에서는 권미혁의원 대표발의(제안일 2017. 8. 8.)로 분만에 관여한 의사·조산사 등이 출생 후 14일 이내에 건강보험심사평가원에 출생사실을 통보하도록 의무화하는 가족관계등록법 개정안 발의에 힘을 더하였다. 원혜영의원 대표발의(제안일 2018. 9. 27.)로 외국인아동 출생등록부를 작성하는 가족관계등록법 개정안 작업도 조력하여, 국민을 대상으로 하는 가족관계등록법의 한계를 극복하는 방안을 모색하기도 하였다. 또한, 앞선 국회의원 모두 법제사법위원회 소속이 아니었기에, 20대 국회에서는 금태섭, 김도읍, 송기헌, 박주민의원 등 법제사법위원회 위원들을 찾아다니며 출생등록 제도 개선을 위한 국회의원들의 관심을 촉구하였고, 법제사법위원회 위원이었던 백혜련의원과 개정안 발의를 위한 협의를 수차례 진행하였다. 법무부 소관의 가족관계등록법의 개정 여부는 법제사법위원회가 심의할 사안이기 때문이다. 결국 법안은 발의되지 못했다. 위 법률과 더불어 부좌현의원, 함진규의원이 대표발의한 출생통보제를 도입하는 가족관계등록법 개정안도 모두 임기만료로 폐기되었다.

그리고 2020년 5월 30일 21대 국회를 앞두고 출생미등록 아동의 사망사건, 아동학대 사건이 여러 차례 언론에 보도되었다. 2020년 2월 보건복지부가 실시한 만 3세 아동 소재·안전 전수조사를 통해 발견된 원주 삼 남매 사건, 2020년 12월 차가운 냉동고에서 발견된 전남 여수 영아 사건 등 살아남은 아이의 증언이 아니었다면 세상에 그 존재조차 드러나지 않았을 비극적 사건이 이어졌다. 2021년 초에도 출생신고가 되지 않은 8세 아동이 친모에게 살해된 이후 친모의 자수로 뒤늦게 그 존재가 확인된 일이 있었다. 구미에서 발생한 아동학대 사망사건도 아동의 존재가 은폐될 수 있는 출생미신고 사례였다.

음식물 쓰레기통에 '버려졌던' 출생미신고 아동도 있다. 지나가던 행인이 우연히 발견하지 못했다면 태어났는지조차 모른 채 사망했거나, CCTV를 추적해 친모를 찾을 기회조차 박탈당했을지도 모른다. 매년 베이비박스에 유기된 아이들 100여 명, 병원 외 출생 이후 출생신고 없이 방치되고 있을 아이들, 국내에서는 출생신고를 할 수 없고 부모의 본국 대사관·영사관에는 방문할 수 없는 난민, 난민신청, 미등록 체류 이주아동 등 우리 사회에 출생이 등록조차 안 된 아동이 얼마나 많을지 가늠할 수조차 없다.

연이어 확인된 출생미등록 사례에 경각심을 가졌는지, 출생통보제를 도입하겠다는 정부 발표가 있은 뒤여서인지, 21대 국회에서는 정부 발의안 외에도 출생통보제를 도입하자는 가족관계등록법 개정안이 여당, 야당을 불문하고 여러 차례 발의되었다. 그러나 놀랍게도 여전히 법제사법위원회 위원은 단 한 명도 관련법을 발의하지 않았다. 보편적출생신고네트워크에서 법제사법위원회 위원 여러 명을 접촉해보았지만, 다들 필요성에 고개를 끄덕였을 뿐 더 관심을 보이지 않았다. 위원들의 관심을 잃은 법은 결국 현재까지도 법제사법위원회에서 논의되지 못하고 있다.

누군가의 생명을 담보로 변하는 제도는 민주국가의 제도가 아니다. 민주국가란 모든 시민의 권리보장이 최우선 가치여야 하며, 모든 시민은 관할권 영토 내에 권리를 갖고 살아가는 모든 사람이다. 아동의 목소리를 듣고, 아동의 목소리가 들리게끔, 제도를 바꾸고 보완해나가는 노력이 필요한 이유이다.

출생의 등록은 존재의 증명에 필수적이다. 권리의 존중, 보호, 실현되는 삶을 위한 국가의 책무는 태어난 순간부터 출생을 기록하는 것에서 이행된다. 타고난 시민적·정치적 자유를 완전히 누리도록 지지하는 존중, 힘의 우열관계에서 상대적으로 취약한 이들의 권리가 침해당하지 않도록 하는 보호, 그리고 인권의 증진과 확장을 위해 최선의 노력을 다하는 실현에 대한 의무는 '존재의 확인'에서 시작된다. 출생 직후 등록될 아동의 권리는 거듭 강조해도 부족하지 않다.

지금 이 순간에도 아동의 삶은 계속되고 있다. 아동을 보호하는 것은 아동의 온전한 시민성을 지지하는 기반을 만드는 작업이다. 부족한 존재여서 도와주는 개념이 아니다. 태어난 순간 울음으로 자신의 존재를 알리는 생(生)의 목소리를 제대로 듣고, 국가가 존재하는 이유를 다 하기 위해 노력하라. 더는 생일 없는 아이를 만들지 말라. 누구나 축하받는 그 기쁨이 일상에서 지켜졌을 때, 비로소 우리 사회도 한 걸음 나아갈 수 있을 것이다.

2010-2021년도
대한민국 출생등록 법/제도

2015.04
보편적출생신고네트워크(UBR) 출범
- 모든 아동의 출생신고 될 권리 보장 목표

2015.11
간이출생신고절차 마련(사랑이법)
- 가정법원의 확인으로 미혼부 출생신고 가능

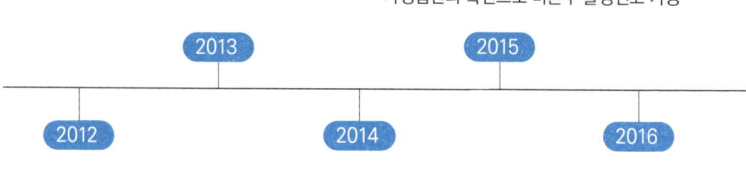

2012.08
입양특례법 개정
- 가정법원에서 입양허가

2014.12
이주아동권리보장기본법 발의
- 한국 출생 미등록 이주아동의 출생신고(이자스민 의원 대표발의)
※임기만료 폐기

2016.11
「가족관계의 등록 등에 관한 법률」 개정
- 인우보증제도 폐지(의사나 조산사가 작성한 출생증명서를 대신하여 2명의 증인이 아동의 출생을 증명할 수 있는 제도)
- 직권 출생신고 제도 신설(출생신고 의무자가 그 의무를 이행하지 않는 경우, 검사 또는 지방자치단체의 장이 대신하여 출생신고 가능)

2017 — 2018 — 2019 — 2020 — 2021

2018.08
외국인아동출생등록부 발의
- 외국인 자녀의 출생사실과 신분증명(원혜영 의원 대표발의)
※임기만료 폐기

2018
보편적 출생등록 이행 추진 자문단 논의 시작

2019.05
포용국가아동정책 발표

2020.08
제2차 아동정책기본계획 발표
- 출생통보제 도입 논의

2020.12
제4차 저출산·고령사회 기본계획
- 출생통보제 도입
- 한부모·다문화가족 등 다양한 가족 포용성 제고

2021.02
외국인아동출생등록제
- 법무부 정책위원회에서 추진결정

2021.04
가족관계등록법 일부개정
- 모의 특정불가, 비협조 및 소재불명의 경우에도 출생신고 가능

2021.04
제4차 건강가족기본계획
- 보편적 출생통보제 도입 검토
- 한부모·다문화가족 등 다양한 가족 포용성 제고

2021.06
가족관계등록법 일부개정법률안 입법예고(법무부)
- 출생통보제 신설

2010-2021년도
국제사회의 권고사항

1996.01 제1차 유엔아동권리협약 최종견해
2003.01 제2차 유엔아동권리협약 이행 최종견해
2008.05 제1차 국가별 정례인권검토(UPR)

2012.10
제2차 국가별 정례인권검토(UPR)
- 출생등록제도 이행
- 이주아동의 교육 및 보건 권리 보장
- 헤이그국제아동입양협약 비준 및 국내입양제도 재검토
- 미혼모/부 차별 철폐 및 인식 개선

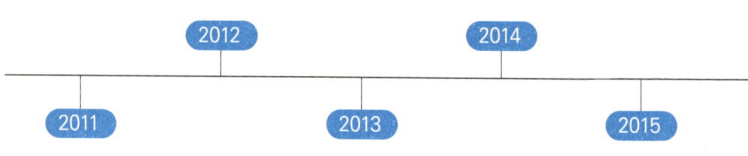

2011.09
제3·4차 유엔아동권리협약
최종견해
- 보편적 출생등록 촉구
- 청소년미혼모 포함, 충분한 지원 제공
- 헤이그국제아동입양협약 비준

2015.10
제4차 자유권규약위원회
- 보편적 출생등록제 도입

2018.03
제8차 여성차별철폐위원회
- 병원 및 의료종사자의 의무 출생등록 제도 도입
- 외국인 부모 자녀의 출생등록제 마련

2018.12
제17-19차 인종차별철폐위원회
- 보편적 출생등록 보장
- 혼외자녀(외국인 모) 한국국적 취득제한 폐지

2017
제4차 사회권규약위원회
- 보편적 출생등록 보장

2017.11
제3차 국가별 정례인권검토(UPR)
- 보편적 출생등록제도 수립
- 한부모가족지원법 이행 강화

2019.10
제5·6차 유엔아동권리협약 최종견해
- 보편적 출생신고 보장 및 인식개선
- 미혼부의 출생등록 절차 간소화
- 베이비박스 금지

생일 없는 아이들
ⓒ 김희진·강정은·마한얼·이제호·이진혜

초판 1쇄 2022년 5월 31일
기　　획 보편적출생신고네트워크
지은이 김희진·강정은·마한얼·이제호·이진혜
책임편집 이푸른
디자인 glasscaiman

펴낸이 이은권
펴낸곳 틈새의시간
출판등록 2020년 4월 9일 제406-2020-000037호
주　　소 경기도 파주시 하늘소로16, 105-204
전　　화 031-939-8552
이메일 gaptimebooks@gmail.com

ISBN 979-11-978783-1-2(03300)

* 책값은 뒤표지에 있습니다. 잘못 만들어진 책은 구입하신 서점에서 교환해드립니다.
* 이 책 내용의 일부 또는 전부를 재사용하려면 반드시 저작자와 틈새의시간 양측의 서면 동의를 받아야 합니다.